ボクは病気に選ばれた

Hiroaki Shioi
塩井宏明

Clover
クローバー出版

プロローグ

私は今から10年ほど前の20歳になる年に突然倒れて〝10万人に1人の病気〟だと宣告されました。**病名は脳動静脈奇形**と言います。

脳の中で動脈と静脈が毛細血管を通らず、直接つながっている状態の奇形です。血管が動脈・毛細血管・静脈に分かれる、胎児（妊娠約3週間）の時期に発生する先天性異常です。

正常な脳の血管であれば心臓から送り出された血液は動脈を通り、毛細血管につながって組織に酸素や栄養を与えた後、静脈を通って心臓に戻ります。私の病気の脳動静脈奇形ではこの毛細血管がなく、動脈からの血液が一気に異常な血管の塊《かたまり》【ナイダス】を通り、静脈に流れていきます。そのため高い圧力の血液が流れる静脈に負担がかかり、その部分の血管が破れて出血（脳出血、くも膜下出血）する危険性があります。

私は生まれつきこんな恐ろしい脳の異常を抱えていたのに、20年間健康に生きてきて血管が破裂する前に発見することができました。ネガティブで周りに合わせて生きてきた私でしたが、「自分はすごく運が良くて幸せなのかもしれない」と病気を捉え、手術することも受け入れられた自分自身に驚き、それが人生を明るく変える分岐点となったのです!!

病気になり、小さな喜びを幸せと感じられた私は「人間は生きているとどんなことで喜べるかわからない」と感じ、〝幸せ〟とは世の中に浸透している幸せを手に入れた時だけではなく、どこからでも自分で創り出せるものだと気づいてから生き方が変わりました！

出来事自体に可哀想、不幸なんて意味はありません。人生を変えるのは出来事ではなく、あなたの身の上に起きたことにどんな意味づけをするかなのです！

この本で、私はあなたに、過去の自分や周りに影響されず、自分から笑顔を作り出せる才能を開花させ〝**自分を喜ばせる天才**〟になってもらいたいと思っています！

「無理、できない」はあなたの思い込み。だから悩むよりも先に笑って好きなことをやってみましょう‼

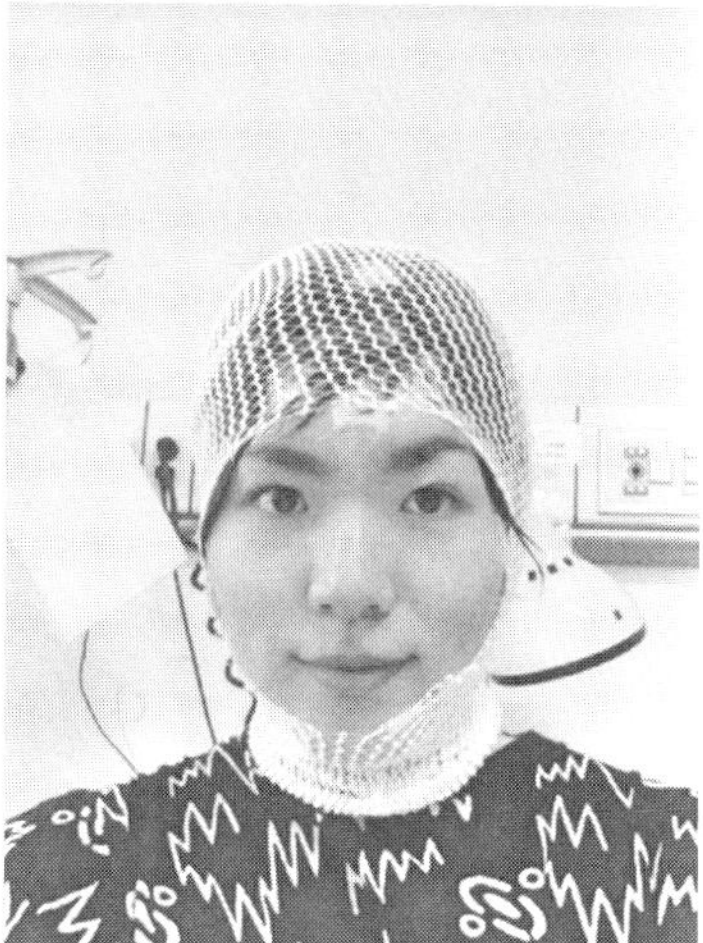

２度目の手術後

目次

第1章

私は病気に選ばれた！

選んでくれてありがとう

私は生まれ育った富山を離れ、平成20年に京都の大学に進学しました。そんな私の体に異変が起きたのは平成21年、大学2回生になった19歳のある日のことでした。アルバイト後の休憩中に突如倒れて意識を失い、私は救急車で運ばれてしまいました。

知らない病室で目が覚めた私は、何が起きたのか、なんで病院のベッドで寝ているのか、全く記憶がなく、理解できなかったのでナースコールのボタンを押しました。すると来てくれた看護師に、「大丈夫だよ。お母さんとお父さんがもうすぐ来るからね」と言われたのです。

「えっ!?　ここは京都ですよね!?　家族は富山に住んでいるのに!?」「なんで!?　どうして!?」と倒れた記憶が私にはありませんから、頭に浮かぶ疑問を次々と看護師に問いかけましたが、「お母さんたちが来たら一緒に説明するからね」としか言ってくれなかったのです。

訳がわからなくて不安になっている私の元に、両親と小学6年生の妹が富山県から来てくれました。そして、ようやく私は自分の状況を聞くことができると思ったのですが、「息子さん本人にとっては辛い話だと思うので、親御さんだけにまず話をしましょうか？」と、医者が親に言っているのが聞こえたのです。

「自分のことなのに不安を抱えたまま待っているなんて嫌だ！」と思った私は、**「一緒に聞かせてほしい」**と親と医者に訴えました。

病室や診察室ではなく、会議室で病名と病状を告げられましたが、記憶に残っている言葉は「脳の血管がクモの巣のように絡まっている状態で、手術が必要かもしれません。最悪の場合は車椅子生活になる可能性もあります」という衝撃の内容だけです。この「手術」「車椅子」という言葉を聞いた私は、その部屋を飛び出し少しだけ泣きました。

ただ、泣いたのはその時が最初で最後です。

当時は、両親には仕事があり、弟は中学3年生で高校受験を控え、妹は小学6年生で翌年中学入学でした。仮に弟や妹が病気になったのだとしたら、思春期の学生時代に長期入院や手術などはいろいろと辛いでしょう。

私は大学生で休学もできるし、何かに縛られているわけでもありません。「このタイミングでこの病気と闘えるのは家族で私だけなんだ！」と、全く病気のことを理解していないのに使命感を持ったのを覚えています。

病名を告げられてから現在に至っても、家族の中でこの病気になったのが「自分で良かった！」と強く感じています。

ですが、親からすると我が子が「脳の病気」だと聞けば心配になったことでしょう。富山では全く倒れたことがなかったのに、ひとり暮らしをしている京都で「急に倒れた」と連絡があり、駆けつけたら大きな病気が見つかったと告げられたわけですから。

これから先をどうするか、いろいろと決断しなければなりません。

親としては、実家がある富山で治療ができるのであればそうしてほしい、このまま京都でひとり暮らしをさせるのは危険で心配と思うのは当然ですよね。

大学は一旦休学するか、それとも辞めて治療に専念するか。親は先のことをいろいろと考えてくれていました。

親には心配と迷惑をかけましたが、**私は病気に選ばれたことで自分と向き合える時間をもらった**ように感じたのです。

自分を変えたいと思い、親元を離れひとり暮らしを始めたのに何も変わらなかった私に、病気という転機が訪れたわけです。この日から少しずつですが、考え方が変わり始めます。

病名を伝えられたこの日から手術日までは、約1年ほど間が空いてしまうのですが、結局は京都府立医科大学附属病院に入院し、手術する決断を両親と共にしました。

病名は脳動静脈奇形

プロローグでも書きましたが、私の病気についてもう一度説明したいと思います。

病名は脳動静脈奇形。

人口10万人に約1人という、ごく稀な先天性の病気です。

人間の体の血液の流れは、正常であれば動脈から細かく枝分かれして毛細血管へ入り、そこで酸素や栄養を組織に与え、代わりに不要な老廃物を血液に取り込んで静脈に入って、心臓へ戻ります。

しかし脳動静脈奇形の場合、脳血管が形成される妊娠初期の胎児の先天異常※により、毛細血管が作られず、本来は毛細血管を通る血液がクモの巣のような【ナイダス】と呼ばれる異常な血管の塊から直接、静脈に流れ込んでしまうのです。

細かく枝分かれした毛細血管ではなく、動脈と静脈が直接つながってしまうため、血液が異常に速く流れています。正常な血管に比べて壁が薄いので、高い圧力で血液

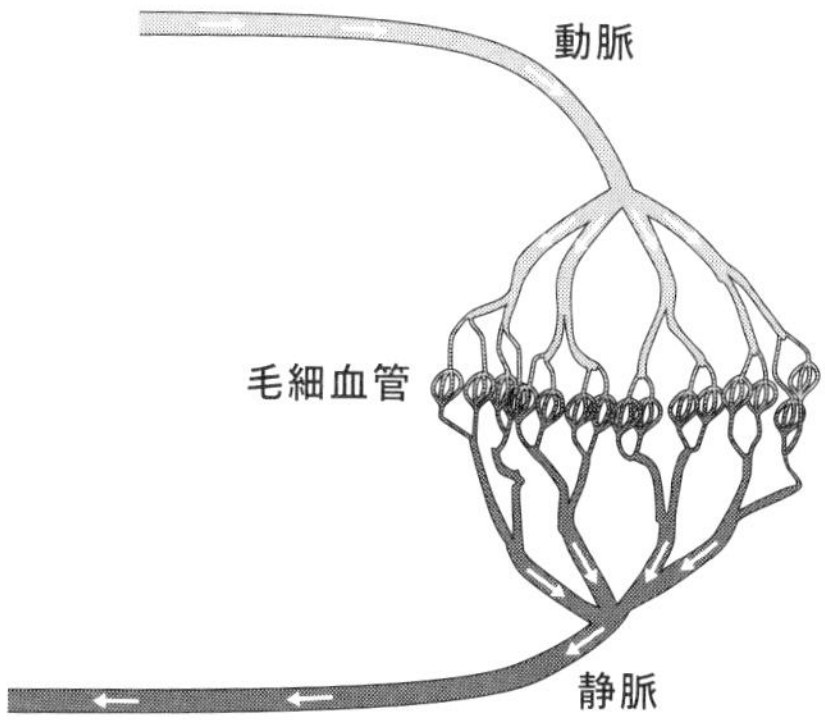
動脈
毛細血管
静脈

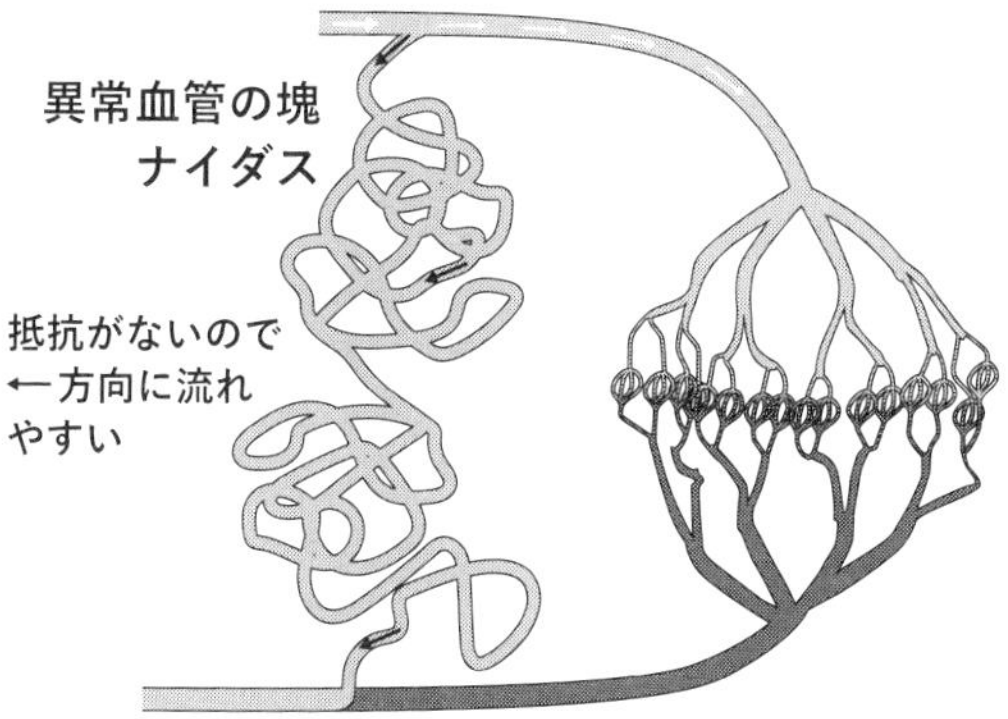
異常血管の塊
ナイダス
抵抗がないので
←方向に流れ
やすい

の流れが速いと血管が破れやすくなり、出血が起きやすくなってしまうのです。

※ 先天異常とは、身体や内臓の形、働きに生まれつきある異常のことです。形の異常は「奇形」と言われ、顔や手足など、見てすぐにわかる外表奇形と、心臓や腎臓などの内臓奇形があります。先天代謝異常など、形は正常でも内臓の働きに異常がある場合も、先天異常に含まれます。

出血すると、突然の激しい頭痛とともに意識障害、出血した部分の脳機能障害（麻痺、知覚障害、視野障害、嚥下《えんげ》障害（飲み込みの障害）、呼吸障害、運動失調など）が起こります。脳出血、くも膜下出血を起こすこともあります。初回出血の場合、死亡率は約10％前後という危険性もあります。

また、出血を起こさなくてもけいれんを起こしたり、周りの正常な脳の部分への血流が奇形の部分に取られて血液不足となり、認知症、頭痛、てんかん（脳細胞に起きる異常な神経活動）発作の原因となることもあります。

脳動静脈奇形と診断される例のうち、脳出血が最も多く50～60％、けいれん発作が30～40％です。出血すると重篤な症状となります。突然の頭痛、嘔吐があり、片麻痺などの局所的脳症状が進んでいきます。

けいれんは、手や足がピクピク震えるようになり、それが次第に広がってくるタイプが最も多いのですが、突然倒れて体が硬直したり、全身がガクガクする大発作を起こす場合もあります。

脳機能障害を発症する率は30～50％と報告されています。脳動静脈奇形と診断される平均年齢は33歳で、出血は若い人に多いそうです。

脳動静脈奇形は生まれつきの異常ですが、本当の原因はわかっていません。

奇形の存在だけではほとんど無症状ですから、何かきっかけがないとわかりません。出血やけいれん発作をきっかけにわかることがほとんどなのです。

何も症状が現れていないのに、若い頃から脳波やＭＲＩで検査するなんてなかなかないと思うので、出血やけいれん発作以外で発見されるほうが珍しいということです。

私の場合はてんかん発作を起こして救急車で運ばれ、脳検査の結果、脳動静脈奇形と診断されたのです。

出血することなく見つかったわけですから、運が良かったのです。ですが、けいれんが症状である脳動静脈奇形は、治療をしてもけいれんが完全になくなることはありません。

てんかん症状も、完全に治るとは限りません。あくまでも、治療はナイダスという血管の塊のための治療なのです。

治療法は、その患者の年齢やナイダスの箇所、大きさによっても変わってきます。脳動静脈奇形という病気に直面して、自分にとってどの治療法が一番適切か、どの病院で行うのが適切か、今すぐ治療を始めるのか、大きな決断を19歳の時に迎えたのです。

病と知った私と母親との想い

成長期を迎えた中学生の頃から頭痛が頻繁に起こり、学校を早退・欠席することが急に増え始めました。

当時は、まさかこんな大きな病気が自分の中に潜んでいるなんて、私も母も全く想像もしていません。そのため、熱もないのにしょっちゅう「頭が痛い」と学校を休みたがる私に、母は困り果てていました。

朝、呼んでもなかなか起きてこない私を起こしにくる母の、階段を上る足音が怖かったのを今でも覚えています（笑）。

早退する時は学校で「頭が痛い」と保健室に行くのですが、体温は平熱ですからすぐには帰らせてもらえませんでした。また、この面倒なやり取りを保健室の先生とするくらいなら「最初から行きたくない」と思う私が「頭が痛いから休む」と言っても、母親は「とりあえず行ってみなさい」と言い、簡単には休ませてもらえないこともありました。

「行けば治るかもしれないんだから」と引っ張られながら中学校の前まで車で連れて行かれるのですが、着いても車から降りない私に、母は激怒しながら結局家に帰るということも何度かありました。

家に帰り、母が学校に電話して謝っている姿を申し訳ない気持ちで見ていたのですが、原因のわからない頭痛に私は勝てませんでした。

弟や妹にも「また兄は早退した、休んだ」と思われているのではないか、そう親と話しているのではないかと勝手な思い込みをして、**自分を責めて苦しんでいました。**

高校生になってからは中学生の頃ほどの激しい頭痛は少なくなり、欠席や早退の回数も減りました。

大学生になり、富山県から京都府亀岡市でひとり暮らしを始めた時は、頭痛のことなどは全く心配しておらず、まさか手術することになるなんて想像もしていなかったのです。

両親と京都の病院で、私が先天性の脳動静脈奇形という病気だと初めて知った時に、「こんな生まれつきの脳の病気をあなたが持っていたなんて。だから中学生の時、『頭が痛い』と何度も学校を早退したり、休んだりしていたんだね」と合点がいった母の言葉と表情を見て、**私は病気が発覚したことの衝撃よりも、それまでの母に対する申し訳なさと自分を責めていた気持ちが吹っ飛び、晴れ晴れとした嬉しさ**を感じたのです。

こうして私は病気に直面したショックよりも、母のこの一言で頭痛によって感じていたそれまでの心のわだかまりが解けたことの喜びのほうが大きくて、「家族の中でこの病気に選ばれたのが自分で良かった」と思える心の余裕が生まれたのかもしれません。

迷わずに手術を選択したワケ

脳動静脈奇形そのものに対して、投薬だけの治療はありません。破裂して出血というリスクがあるので、出血を防ぐための治療が必要なのです。

脳動静脈奇形の治療方法には、
①開頭による脳動静脈奇形摘出術
②ガンマナイフ※（定位放射線療法）
③血管内治療（カテーテル治療とも言われる）※による塞栓《そくせん》術
④経過観察
があります。

※　ガンマナイフ（定位放射線療法）

脳内の一点（病巣部）に201個の細かいガンマ線ビームを集中照射させる放射線治療。

※　カテーテルによる塞栓術

股のつけねの血管（大腿動脈）から入れたカテーテルと呼ばれる細い管を、血管の中を通して頭の中の病気の血管の入り口まで誘導します。このカテーテルの中を通して塞栓物質（血管を閉塞する液体の薬）で、脳動静脈奇形本体とそれに血液を送る血管を閉塞します。頭蓋骨を開かずに治療ができるため、低侵襲手術（身体に負担が少ない手術）になりますが、これのみで脳動静脈奇形の治療が完結することは稀です。

どんな病気の治療でもそうだと思うのですが、病院によってどの治療法を推奨しているかは異なります。また、誰ひとりとして同じ血管構造の脳動静脈奇形はないので、**治療法はとても慎重に選択する必要がある**のです。

経過観察という方法もありますが、脳動静脈奇形を治療せずに放っておいたらどうなるのかも、私と両親は一度考えました。

出血発症例では年間の再出血率は初年で6～18%、その後年間2～3%、非出血例では年間出血率が2〜4%、脳動静脈奇形が増大する割合は0.2〜2.8%です。初回出血で死亡する確率は10%、再出血の危険性は20%で、再出血死亡率は13%。その後の出血による死亡率は20%です。

仮に死亡を免れても、出血で脳が破壊されて後遺症が残ったり、加齢に伴い認知機能低下が出やすくなったり、けいれんのコントロールが難しかったりといった問題が残るため、脳動静脈奇形が発見された場合、出血や症状の進行を予防するために、基本的には何らかの治療を考慮するべきなのです。

特に私はまだ20歳と若かったので、余生が長い分、出血する確率も高くなります。私の親族が当時調べた限りでは、私の実家がある富山県や北陸地方ではガンマナイフ(定位放射線療法)での治療を推奨している病院が多かったようです。ガンマナイフ治療は、頭蓋骨の開頭摘出術よりもリスクは低いですし、成功率も高いです。

しかし、脳動静脈奇形へのガンマナイフ治療では、10人中7〜8人の割合でしか治りません。たとえ治ったとしても完治までに数年を要するらしく、さらに完治までの間は出血するリスクと共に過ごさなければならないのです。

私は出血せずに運良くこの病気と対面したのに、今治療してもまた倒れて出血する可能性があるガンマナイフ治療をするくらいなら、**「開頭摘出術をしたい」**と思いました。開頭摘出術なら、手術のリスクは高くなりますが完治する可能性もありますし、完治すれば再発のリスクもなくなります。

ただ、脳動静脈奇形の【ナイダス】と呼ばれる異常な血管の塊の大きさと、塊がある部分によってリスクは異なります。私の場合は、大きいと判断される3cm以上の血管の塊が頭の左側のほうにありました。

そのため選択できるのは次の3つでした。

①開頭摘出術でナイダスの大部分を除き、小さく残し、残した部分をガンマナイフ治療
②血管内治療でナイダスを小さくして開頭手術
③ガンマナイフでナイダスを小さくして開頭手術

結局、開頭摘出術をするならガンマナイフをする必要はないと思い、医者と話し合い②の血管内治療による塞栓術で**【ナイダス】**を小さくしてから、開頭手術することを選択しました。

私が脳の病気で手術しないといけないと聞いた時からもっとも気になっていたのが、髪の毛のことでした。何かの副作用で髪が抜けるとか、開頭前に全部の髪の毛を剃られてしまうのではないかという不安です（笑）。

ですが、「開頭した部分は髪の毛が生えなくなるけれど髪の毛を剃るのは一部だけだし、その生えなくなった部分をまた生やす手術もあるから大丈夫だよ」と手術してくれる医者に言われ、一安心して**「じゃあ手術にします」と即答しました。**

「手術成功率は80%。もし後遺症が残ったとしても、若いからその後遺症を治せる回復力もある。一緒に頑張ろう」とも言われ、私には手術を選択しない理由はもうありませんでした。

そして、私は平成22年に京都府立医科大学附属病院で手術をすることを決断し、7

月に血管内治療による塞栓術を行い、左側頭葉動静脈奇形摘出術を受けました。

笑顔で手術室に行けた理由

私はずっと、自分を変えるきっかけが欲しかったのです。私には何の取り柄もなくて、親が自慢できるような子どもにもなれていない。頭も悪いし、才能もない。周りに合わせてばかりで自分の本音を言えずに、物事をネガティブに考え込んでしまう10代の人生。

そんな私が、なぜ病気や手術に対して落ち込まずにプラスに捉えることができたのか。悩むだけで行動できず変われなかった私は、病気、長期入院という経験を「自分を変えるチャンスをくれたんだ」と思いました。

私はこの病気を宣告されて、テレビドラマの主人公のようになったような気がしたのです。人とは違う、選ばれたような10万人に1人という確率の病気。この経験は、周りの人にはできないこと。**手術して乗り越えることができれば、自分は特別な何かを得ることができるのではないか**と期待したのです。

もう一つの理由は「家族や大事な人の手術は、待っているほうが辛いはず」と私は思いました。

手術には12時間くらい要すると医者から言われていたのですが、実際には18時間もかかりました。その長い長い18時間を何もできず、ただ手術の成功を祈ることしかできない家族。それに比べたら、私は全身麻酔でただ眠っているだけです。

そんな家族に私ができることといえば、笑顔で「絶対に大丈夫だから」と言うことだけです。

手術室に向かう時に、笑顔で「じゃ、行ってくる」と家族と握手したことを、今でも覚えています。

第2章

病気との向き合い方

手術は成功したのに倒れた私

手術開始から18時間が経過し、ようやく家族に「脳動静脈奇形の手術は無事に終わりました」と報告されたそうですが、その後も家族は私の様子をすぐに確認することはできず、待合室で待ち続けてくれました。

手術に関わってくれた医者にも感謝しているのですが、**心配しながらずっと待っていてくれた家族にはとても感謝**しています。手術後、私はまだ麻酔が効いていて眠っていたので家族と会ったことは覚えていませんが、「手術が無事成功した安心からと、手術前とは違う腫れ上がった顔を見て涙が出た」と退院した後に家族が話してくれました。

私は家族の顔を見ることもできずに、脳外科病棟のナースステーションの真横にある集中治療室に運ばれていました。「麻酔が効いているので個人差はありますが、何日間かは目が覚めないと思います」と手術前に私自身も言われていましたし、家族にも伝えられていたそうですが、私は20時間ほどして激しい頭の痛みを感じて目を覚まし、ナースコールを押しました。

「こんな早く目覚めるなんてやっぱり若いな〜」と医者のほうが驚いていたのを今でも覚えています。目が覚めて意識はあるのですが、頭痛がとてもひどく、体もほとんど動かせず、自分の体ではないような感覚でした。

手術後何日間か経過して、集中治療室からやっと解放され、一般病棟に移動しましたが、リハビリを頑張っていた矢先に意識を失い、病棟のトイレで倒れたのです。そしてまた集中治療室に戻されることになりました。

「手術は成功した」と言われたのに「一体どうして⁉」「なんでまた倒れるの⁉」と、私も富山の実家に戻っている家族も、愕然としました。私は手術で全治することができなかったのです……。

それから顔の腫れのリハビリも終わり、体も手術前と同じくらい回復して退院間近になった頃、病院から外泊許可をもらいました。友達の家に泊まって退院を楽しみにしていたところ、また発作が起こって意識を失い救急車で搬送されてしまいました。

ここから入退院を繰り返します……。

いろいろな検査を繰り返しても特に異常はなく、退院はできたのですが、「これが後遺症と思って生活してもらうしかありません」と京都府立医科大学附属病院の医者に言われました。

そうは言われましたが「もう退院できたんだし、大丈夫だろう」と私は思っていました。しかし1ヵ月もしない内にまた倒れてしまったのです。

退院祝いも兼ねて、友達4人と人生初のUSJ（ユニバーサル・スタジオ・ジャパン）に遊びに行き、大好きなアトラクションを満喫していたのですが、友達がトイレに行っているのを待っている時に、私の体にまたしても異変が起きたのです。少しずつ視界が狭くなっていき、胸が苦しくなっていきました。

発作の経験がある人ならわかるかもしれませんが、もう何度も経験している私は**「ヤバい！　ヤツが来る」という、なんとなく自分の中で発作の前兆の感覚がわかり始めていた**のです（笑）。

しかし、わかってはいても自分の力で抑えることはできず、倒れて救急車で運ばれてしまうのが辛いところでした。大阪の赤十字病院に運ばれ、またしても集中治療室です。USJで遊んでいたせっかくの休日を台無しにしてしまい、友達には「申し訳ないことをした……」と病室で嘆きました。

記憶が途切れて倒れ、意識が正常に戻ったらいつも集中治療室にいるお決まりのショックでした（笑）。ショックなのはそれだけではありません。目を覚ましたらベッドに手足を縛られ、オムツを穿いて寝ていたのです!!

自分では記憶がないのでわからないのですが、全身性けいれん発作が起きると、普段では考えられないような全身を突っ張らせて激しい動きで暴れるらしいのです。その暴れようは、看護師4人がかりでないと押さえられない時もあるのだとか。

患者に暴れられてはちゃんとした治療ができないため、手足を縛られるのです。記憶がないのに、自分がそんなに暴れているなんて怖すぎますよね（笑）。

意識がもうろうとして失禁してしまう可能性があるため、尿道に管を入れられました。意識がない時に女性の看護師にパンツを脱がされ、オムツに替えられて尿道に管を入れられているのです（笑）。

倒れて救急車で搬送されることも辛かったのですが、私が一番嫌だったのはこの管を入れられることでした。管を外す瞬間が叫ばずにはいられないくらい痛いからです！

しかも外してくれるのも女性の看護師です！　恥ずかしくて痛いのです（笑）。そのため意識が正常に戻って目を覚ます度に、今回は管が入れられているかどうかを真っ先に確認していました。今では笑い話ですが、もう二度と経験したくない苦い経験の一つですね（笑）。

手術前は倒れたのが一度だけなのに、手術後にもう3回も倒れている。「倒れる頻度が増えているではないか！　手術は何の意味があったんだ！」と怒りが込み上げるのは患者の私のほうなのに、赤十字病院から退院した後日、手術をした京都府立医科大学附属病院の診察に行くと、医者に「なんで遊園地のアトラクションに乗ったんだ！　自己管理をしっかりしないとダメじゃないか！」と反対に怒られたのです。

人生初の発作で倒れて、病名を告げられた病院での入院生活を合わせると、3ヵ月ほどの長期入院。「手術は成功したけれど後遺症が残ったかもしれない」と言われながらも**体はすごく元気になり、退院できたことは素直に嬉しい**と思っていました。
退院する際に、車の運転以外には特に「○○をしてはいけない」という制限は出されていません。それなのに「倒れたのは自分が悪いの!?」とこの時は感じてしまい、納得がいかずショックを受けました。

先天性は誰のせいでもない

手術とは何だったのか。
なぜ突然倒れるのか。
脳の病気とは、それだけ複雑で難しいということなのか。
脳動静脈奇形は先天性の病気。
先天性とは、通常は生物の特定の性質が「生まれたときに備わっていること」「生まれつきにそうであること」。

「障害や先天性の病気は親の責任！」と他人にもし言われたとしても、あなたは気にしないでください。今病気を抱えている人もこれから先、病気を抱えることになったとしても、**絶対に誰も責めないでください！　親族を責めないでください。**

親には全く責任はなく、**私は選ばれてこの病気になった**のです。もちろん自分にも責任はありません。たとえ遺伝だったとしても親のせいにはしませんし、自分のせいにもしません。生んでくれたこと、育ててくれたことが何よりも感謝すべきことなのですから。私が伝えたいのは、病気や障害が発覚しても「誰のせいでもないと思ってほしい」ということです。

誰もが「健康で元気な子が生まれてほしい」と願いますよね。だからせめて命を授かってから出産までの期間だけでも、生まれてくる子どものために生きてほしいと思います。お腹に宿ったかけがえのない命です。妊娠中に予防しておけば防げる先天性の病気はたくさんあります。生んでから「親の責任」と子どもに謝ったり、自分を責めたりするのではなく、できる限りのことをお腹の子のためにしてあげてください。

脳動静脈奇形は出産前の原因などは解明されていませんが、**病気を経験できたことを私は誇りに思っています。病気を経験する本人には、先天性とか遺伝性とか関係ありません！**

お父さんでもお母さんでも誰のせいでもない。

障害を持つこと自体が不幸なのではない。

病気になること自体が不幸なのではない。

どんなことも幸せか不幸かは、親や他人ではなく本人が決めること。どんな体でも、かけがえのない世界に一つだけの大切な命なのです。決して他人と比較せず、みんなが自分を誇らしく生きていってほしいと思います！

病気は個性

私は病気になって人生が変わったと思っています。病気を経験したことは才能！　病気を持っていることは個性だと思えるようになりました！　そのため手術をして髪の毛が一部ないことも、隠さず人に見せて明かしています。それは病気を経験して二度も手術したこと、乗り越えたことを誇りに思って生きているからです。

脳動静脈奇形という病気から始まり、二度も手術してどちらも成功と言われたのに、現在は「※症候性てんかん」という病名になっている。「自分はてんかんではない。脳動静脈奇形を手術した後の後遺症で倒れるだけなんだ！」と、その後遺症の名前が「てんかん」ということをなかなか受け入れられず、モヤモヤして集中治療室で嘆く時もありました。

てんかん発作とは

- 脳神経の一時的な異常な電気活動で起きる症状
- 異常が起きる場所によって、現れる症状が違う
- 脳卒中などの病変や遺伝、体質が原因になる
- 失神や不整脈による意識消失とは異なる

てんかん発作の種類

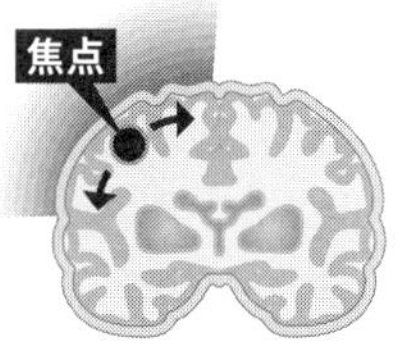

部分発作

特定の部位から興奮

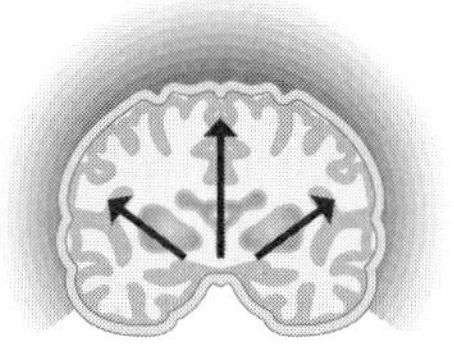

全般発作

初めから脳全体が同期して興奮

てんかん …てんかん発作を繰り返す

およそ100人に1人

- **70%** 薬で発作が抑えられる
- **30%** 薬で抑えられない
  - 部分発作で焦点が特定できる → 手術で治る可能性あり
  - その他
    - ・発作を和らげる手術
    - ・食事療法
    - ・薬の継続

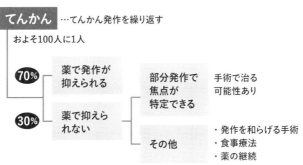

※ てんかんとは神経細胞が突然過剰に興奮し、発作を起こす病気です。てんかん患者は世界で4000~5000万人いるとされ、発症率はどの国でもほぼ同じで人種は関係ないと言われています。発症率は1000人のうち5~10人（0.5~1.0％）の割合で、日本では、60~100万人の患者さんがいると推定されています。神経疾患の中ではもっとも多く、決して珍しい病気ではありません。てんかんの原因はさまざまで、脳血管障害、脳腫瘍、脳外傷、アルツハイマー病、感染症、自己免疫疾患などがありますが、検査をしても原因がわからない場合が多く見られます。そこで、原因が不明な「特発性てんかん」と、原因が明らかな「症候性てんかん」に分けられ、前者が全体の約6割、後者が残りの約4割を占めるとされています。

私は原因が明らかな「症候性てんかん」と、2回目の手術をした石川県の浅ノ川病院で診断されました。明らかに原因は脳の手術の後遺症ですし、手術をしたにもかかわらず何度も倒れるので、自分をてんかん患者として受け入れていくしかありませんでした。

しかし「なんで自分がこんな経験をしなければならないんだ」と、病気になったことを悔やんだことは一度もありません。なぜなら私は病気と告げられるまで、自分を変えたいと思いながらも周りの人の顔色ばかり気にしては、自分の意見を言えない人間だったからです。

「常識、みんなと同じ、周りに合わせる、普通が一番、普通でいい、それが普通、普通ならこうする」。こんな言葉に安心感を抱く自分がいました。

そんな私を変えてくれるきっかけとなったのが脳動静脈奇形という病気だと、自分で何度も言い聞かせ思い込みました！　**自分が病気だと知ってから、たくさんの本を読み漁《あさ》りました。**

そして……、

・普通なんてどこにもないこと。

・みんなとか周りとか狭い世界を作っているのは自分。

だということに気づいたのです。

みんな一人ひとり個性があり、誰ひとりとして全く同じ人間などいません。得意不得意もみんな違うし、好き嫌いもみんな違う！「みんな違ってみんないい」はずなのですが、それになかなか気づけない。そう言われてもやっぱり比較してしまう。そんな自分の弱い部分との闘いを何年も繰り返して、今の私がいます。

病気や障害だって個性です！

私の場合は発作が起きなければわからない見た目ではわからない障害なので、目に見える障害を持っている人の辛さは経験していないし、わかりません。でも病気のせいにしてもいいことなんて何一つ起きないってことは経験しましたし、マイナスに考え続けて病気を悪化させていった人たちも知っています。だから**自分の視点を変えるだけで生きる景色も変わること**を意識して生きています！

この個性を活かすも殺すも自分次第なのです！　障害を不便だと思うか、受け入れて利用するかは、自分に決められるという自由があるのです！

自分を否定せず、大切に、楽しく一緒に生きていきましょう!!!

病名には意識を向けない

第1章で、脳動静脈奇形について過去のデータで症状や確率などを述べましたが、過去のデータを気にしてはいけません。**治すために大切なのは自分の意識の方向です。**

私は自分の病気の名前に対して、特に意識はしませんでした。「なんか難しそうな病気だな」と思ったのが第一印象です。私が惹かれたのは、病名ではなく10万人に1人という確率です！　この言葉が私にものすごく勇気をくれたのです！

自己否定をしてきたそれまでの私だったら、「そんな確率の病気に、よりによってなんで自分が選ばれるんだよ」と捉えてもおかしくありませんでした。今思えばですが、あの時の私は国民的人気漫画『ONE PIECE』の覇王色の覇気（10万人に1人）の力を手にした主人公みたいに、私も選ばれたと心地よい気分がしたのだと思います。

不思議ですよね！　捉え方ひとつでここまで大きく変わるのですから！

検診で癌と宣告され、その直前までは健康で元気だったのに日に日に体調が悪くなり、あっという間に亡くなってしまうケースもあります。この人が病名を意識せずにそれまで通り過ごすことができたら、結果は変わっていたかもしれません。癌という病名に惑わされてしまったのです。

大正・昭和・平成にかけて活躍した日本の小説家、随筆家、着物デザイナーの宇野千代さん。彼女の数多くの名言の中に、こんな言葉があります。

「病気になったら、私が一番最初に気をつけることは何かというと、一日中、病気のことで頭をいっぱいにしないことである」

本当に素晴らしい名言だと思います!!　病名を宣告されると、落ち込んで精神的にやられてしまう人や、失敗せずに治せる名医のいる病院、治せる薬はあるのかなどばかりを考えてしまう人が多いと思います。

まさに先に述べた癌を宣告された人は、癌という病名を言われた瞬間から、頭の中では「癌＝恐怖、死、絶望」などの悪いイメージしかできなかったのでしょう。

この人は検診で見つかったわけですから症状はまだ出ておらず、早期発見の小さい癌だったかもしれないのです。

私たちの体では毎日5000個の癌細胞ができていて免疫細胞と闘っています。私たちの体には、癌と闘う力が元々あるのです。癌は治る病気だと言う医者もいます。それなのに「癌は不治の病」と思ってしまうくらい、私たちの中で恐ろしいものという意識が強く根づいているのです。

癌という病気が恐ろしいのは、癌細胞そのものだけではなく、心に大きなダメージとストレスをもたらすことです。病名を耳にした後の数日間は「まさか私が癌のはずがない」「何かの間違いに決まっている」などと、認めたくない気持ちが強くなる人がほとんどだそうです。

不安や落ち込みの強い状態になるのは仕方ないことなのかもしれません。それによって眠れなかったり、食欲がなくなったり、集中力が低下する人もいます。ひどく落ち込んで何も手につかないような状態が長引いたり、日常生活に支障が続く強いストレスは、適応障害や気分障害（うつ状態）を招きます。

まさに一日中病気のことを考える時間で頭がいっぱいになっているということ。これが、病気を治すためにはもっとも邪魔になることだと気づかなければなりません。病気のことを考えないようにしようと無理に意識するのではなく、**意識の方向を前向きに切り替えることが重要**です！

余命3ヵ月と言われても癌細胞が消滅する人たちの共通点は、「どうやって治そう」「名医を探そう」と考えるのではなく、「余命を楽しもう」「この3ヵ月でできることをやろう」と受け入れた結果、病気の意識が頭からも心からも離れて奇跡を起こせたということなのです。

受け入れるといっても、病気や死を受け入れるということではありません。「こうなったらとことん自分の余生を楽しむべきだ」と明るい方向に意識を変えて、新しい生き方を受け入れるということです。余命3ヵ月という言葉に囚われる必要もありません。医者の余命宣告は絶対ではないからです。病気、病名に意識を向けない。病名を意識して治らないと思うか、意識せず自分は治って幸せだと思うか……。

全てあなたは自由に選択できるのです！

病気の捉え方を固く決心しておく

　私は自分自身が病気になるまで、病気というものに対して悲しいこと、辛いことなど、とにかくマイナスなイメージしか持っていませんでした。

　しかし、自らが倒れて病名を告げられ、長期入院・手術という経験をしたことで、病気をマイナスなことだと捉えなくなりました。何度も言いますが、**この経験が何も取り柄のない人間だと思っていた私の人生を変えてくれるのではないか**と勝手に解釈したからです。

　事実とは、

・いつ、どこで、何が起こったか？

・誰が何を言い、誰が何をしたか？

　というような明らかに「起こったこと」を指します。事実は誰が何と言おうと一つしか存在しません。しかし、その事実に対する解釈や捉え方、感じ方は、仮に100

人の人がいれば100通り以上になる可能性があるのです。

日頃の生活でも、どんな解釈をするかによって変わる状況は無数にあります。捉え方が**全く同じ状況でも、楽しく過ごす人と不愉快な気持ちで過ごす人がいます。**

違っていれば、同じ体験をしていても楽しい時間を過ごすことができるのです。

両者の違いは周囲の人々や状況の事実ではなく、事実に対する解釈の違いでしかないのです。自分の今の苦しみの原因は自分の心のあり方なのに、自分が不機嫌になったのは今起こった「現実のせい」「他人のせい」だという解釈をして、事実を歪めています。

この状況下での苦しみは後に解決したとしても、自分の事実の解釈で心を苦しめていたと理解できなければ、同じような状況になったときにまた自分を苦しめることになるでしょう。

多くの人が勘違いしているのですが、世の中で起こる出来事自体に良い・悪いという違いはありません。私たちがその事実を自分の中で認識した時に、善悪が付け加えられるのです。

私の場合だと脳の病気というのは事実ですが、これを良い経験と解釈するか、苦しい経験だと解釈するかは自分で決められるのです。世間や周りの解釈を通して与えられる事実の影響の恐ろしさ、思い込みの恐ろしさに、一刻も早く気づき、理解する必要があります！

周りに影響された理想を作り上げ、その理想と比較して自分はうまくいっていないと解釈して今の自分を責めないでください。

ポジティブとかネガティブという言葉も、どんな考え方がポジティブなのかネガティブなのか解釈の仕方は人それぞれなのです。そのため「ネガティブはいけないこと。ポジティブにならなきゃ」と言葉に惑わされるのではなく、一つひとつのものの見方を変えて、どんな解釈があなたの人生をより良くするのか、いろいろな世界観を知ることが大切なのです！

あなたに起きた出来事（事実）を「どのように捉え、考え、意味づけるか」によって、気分・感情が大きく変わり、その結果が行動にも影響を与えます。周りの人たちがどんな出来事だと捉えていようと、あなたが捉えて解釈した事実が心に残ります。その捉え方がゆがんでいると、そこから悩みや不安が生じ、精神病の元になることもあります。**出来事からの悩みや不安は自ら作っているもの**なのです。

これからの人生を変える出来事に偏見を持たないように、私は病気の捉え方を人に何と言われようと揺るがないように固く決心しました！

- **病気＝不幸では絶対にない。**

- **必ず治ると信じる。**

- **この病気は私の人生を変える伝説の始まりである。**

私たちが生きている間に起こること全てが事実によって影響されるのではなく、**その事実の解釈によって大きく影響されて、その後の人生を左右している**のです。

ですから、モヤモヤしていた京都府立医科大学附属病院の医者に言われた遊園地の件は、「自分が悪いのかと考え込む必要は全くなく、発作のタイミングがたまたまＵＳＪに居た時に起きただけであって、何か脳に影響があったのかなど、倒れた理由なんて深く考えなくていい。治ってまたＵＳＪで楽しむ自分の姿を想像すればいい」と捉えることにしたのです！

他人から言われた言葉が一見マイナスな言葉だったとしても、出来事に捉え方の正解なんてない！　自分の心の中では好きなように捉えていい！　そう思いながら常にいい気分になる捉え方を心がけて生活してみましょう‼

自分で治すと思い込んでいい

「遺伝子やＤＮＡがわたしたちの生体機能をコントロールしているのではなく、細胞の『外側』からやってくるシグナルがＤＮＡをコントロールしているのだ。さらに、わたしたちが抱く思考は、肯定的なものも否定的なものも強力なメッセージを発していて、それらも細胞をコントロールしていることを示してくれる」

アメリカの著名な細胞生物学者、ブルース・リプトンの言葉です。

ブルース・リプトンは、私たちが常に抱いている思考は、肯定的なものも否定的なものも強力なメッセージを発していて、その肯定的・否定的な信念がどうやって私たちの生物学的機能をコントロールしているかをちゃんと認識すれば、その知識を用いて健康で幸せな人生を作り出すこともできると言っているのです。ブルース・リプトンの『「思考」のすごい力』という本に書かれていた、まるで昔話の絵本にありそうな物語だなと私が感じたものを紹介します。

昔はイボ治療に一番ポピュラーな治療法が催眠療法だったらしいのですが、田舎の麻酔科医メイソンは、催眠療法でイボが治ると確信を持っていました。そんな彼の元に、全身ひどい皮膚病にかかった15歳の少年がやってきました。

その少年のイボは通常のイボではなく、大病院でも治せなかった「先天性の魚鱗《ぎょりん》癬様紅皮症《せんようこうひしょう》」という不治の難病で遺伝病だったのです。メイソンは、少年のイボがそんな難病だとは知りません。しかし先天的な遺伝子疾患の治るわけがないその病気を、田舎の麻酔科医メイソンは催眠療法を使って暗示をかけ、見事に治してしまいました。

イボは催眠療法で治るというメイソンの強い確信と信念が、難病を治すという奇跡を起こしたのです。そんな奇跡を起こしたメイソンは瞬く間に話題となり、他にも「先天性の魚鱗癬様紅皮症」を患った患者たちが治療してほしいと依頼してきましたが、メイソンは少年以外の患者を誰ひとり治してあげることはできませんでした。

なぜならば、話題になったことで、あの少年の全身のイボは大病院でも治すことができない不治の難病だったと知ってしまったからです。メイソンは、今までは催眠療法でイボは治せると確信を持ってやっていたのに、「あの少年のイボは実は不治の病だった」という事実が頭から離れなくなり、治らないという思考になってしまいました。そして、今まで自信を持ってやってきた自分の催眠療法に対する確信を失ってしまったのです。

ブルース・リプトンの言葉には、プラシーボ効果とノーシーボ効果（ノセボ効果ともいう）**も大きく関係していますね！**

プラシーボ効果とは偽薬効果とも呼ばれており、本来は薬として効く成分のない薬（偽薬）を投与したにもかかわらず、体調が回復したり、和らいだりする治癒効果。思い込みの心理現象です。

逆に「この薬には副作用があり吐き気がする場合があります」と書かれているのを見ると、なんだか本当に気持ち悪くなったりすることをノーシーボ効果と言います。同じ薬を飲んでも、「副作用がある」と告げられた場合に体調が悪くなったという患者の数が、告げなかった場合と比べると6倍にも増えたという事例もあります。

麻酔科医メイソンの患者の15歳の少年も、プラシーボ効果の思い込みで奇跡的に治ったと考えられます。しかしメイソンは、不治の病を催眠療法で治せるわけがないというノーシーボ効果に陥り、治るという確信を失いました。

一方、病気は、思い込みで引き起こすことも治すこともあるのだということを、心に刻んでおかなければなりません。人間は、自分の思い込みこそが事実だと思ってしまう癖があります。それは肯定的に思い込むのではなく、否定的に思い込む傾向のほうが強いこともわかっています。

プラシーボ効果とノーシーボ効果は人生でも同じです。良い思い込みで生きている人は生きる世界を良いものに創造することができ、悪い思い込みで生きている人は生きる世界を悪いものに創造してしまうのです。

あなたが毎日考えていること、思い込んでいることが、現実の世界として感じられるだけです。ですから、**考え方、思い込みを変えると、あなたの現実の見え方も変わります。**あなたが今まで嫌な現実だと思って生きてきたとしたら、それはあなたの視点や思い込みで創られた世界だと気づき、今からいい気分になれる世界を見て生きてみてください。

医者の「任せてくれ」と言わんばかりの自信もプラシーボ効果となり、患者さんの不安な心の支えとなります。「先生がこの薬を飲めば大丈夫と言ってくれたから、手術を任せてくれと言ってくれたから私は治る」という思い込みが生まれます。

私の手術をしてくれた京都府立医科大学附属病院の医者も浅ノ川病院の医者も、自信に満ち溢れていました！

でも**一番大切なのは私たち自らが抱く思考**です！　医者を信頼することはいいことですが、頼ってばかりではいけません。

私たち患者自らが病気を治すという強い心を持ち、健康で明るい生活をしている姿を強くイメージし、肯定的な意思を保つことで細胞をコントロールすることができるとしっかり理解しておけば、それが時には「治る、治らない」「死ぬ、死なない」の分かれ目を変える力となるのかもしれないのです！

2章のまとめ

❖ 病気が自分を変えるきっかけにもできる

❖ 先天性と言われても親を責めてはいけない　病気は誰のせいでもない

❖ 病気、障害自体が不幸ではない

❖ 何をどう捉えてどのように感じるかは自分の意識の自由

第3章

病気はＨＡＰＰＹ!!

病気は辛いものではない

私は、病気を経験して気づいたことがあります。それは病気を経験した人よりも経験したことのない健康な人のほうが、むしろ病気は辛いもの、苦しいもの、嫌なものと思い込んでいるということです。

お見舞いなどでも、「可哀想」「辛かったね」「大変だったね」という言葉ばかりかけられます。病気は辛いもの、大変なことと解釈しているからです。心配して言ってくれているのはわかるのですが、私がイメージして共感してほしいのはそんなことではありません！　手術したのに元気そう、何回も倒れたのにそれを乗り越えて回復しているのはすごいね！　カッコいいね！　という明るい励ましの共感がほしいのです！

「病気を不運と考えることは、治癒の働きを確実に妨げる。病気を自分自身の成長のための贈り物と捉えることが、病気を治すための最高の手段である」

アメリカ合衆国の健康医学研究者、医学博士のアンドルー・ワイルの言葉です。お見舞いに来る人たちは、大抵「不運だったね」「可哀想に」オーラを出してきます。それはもう、患者からしたら入院が決まった時点で終わった話なのです。治してまた健康な生活をするために、入院生活を頑張っている患者さんもたくさんいます。

それなのに「可哀想」という言葉は、患者からしたら上から目線、他人事のように感じる場合が多いのです。「まだ若いのに病気になって可哀想」というのも禁句です！　私は散々言われたので「可哀想」という言葉が嫌いになり、自分に対しても人に対しても一生使わない言葉にしようと心に決めました。「可哀想」と言う方は本当に心配して言っているのかもしれませんが、言われている側は心の傷口を広げかねない言葉なのです。

お見舞いとは本来どんな気持ちで行くものですか？　励ますためですよね？　病院側も**「同情の言葉は禁物。力づける励ましの言葉を」**かけてほしいと思っています。患者のことを考え、親族以外のお見舞いは極力避けている病院もあります。お互いが別れた後に気持ち良くなれるやり取りがベストなのです。

アンドルー・ワイルは、あくまでも病気を前向きに捉えることが重要なので、周りのマイナスな言葉には耳を傾けず、私の場合なら脳動静脈奇形、てんかんが精神面を成長、変化させてくれた贈り物だと信じて生きていけばいいということを言っているのです！

もう一つ素晴らしい名言を紹介します！


「今の病気（ハッピー）!!!

忘れちゃいけないよっ!!!」

これは**国民的人気漫画**『ONE PIECE』第15巻にある、優秀な医者Dr.くれはの名言です！　この第15巻の初版発行は平成12年で、小学生だった私は自分が先天性の病気を持っていることは知りません。
そのため当時少年ジャンプでも第15巻でも読んではいましたが、言葉の意味はよくわかっていませんでした。第16巻の質問コーナーで「なぜ、病気と書いてハッピーと読ませるのでしょうか?」という読者の質問に「『**病気になると、病気じゃない時のハッピーを知ることができるから**』だと、彼女(Dr.くれは)は言っていました」と作者の尾田栄一郎先生は答えています。私がDr.くれはのこの素晴らしい名言と、質問コーナーでの先生の回答に気づいたのは、手術を終えたのに何度も倒れて悩んでいる時期でした。

「病気を経験したからこの言葉に深く共感することができた! 今も生きている自分は幸せなんだ」と改めて感動することができたのです!!

療養中にハッピーだと思うのは難しいかもしれません。でも病気は決して辛いことだけではないのです。人生のさまざまな経験と同じで、自分が経験してみないとわからないことだから。

私自身も病名を告げられ、入院するまでは病気を「辛いもの、悲しいこと」と決めつけていました。長い入院生活を経験していなかったら、私も他人のお見舞いに行って何気なく「可哀想」と口にしていたかもしれません。この名言を知って人よりも感動できたのは、病気を経験したからだと本気で思っています！

今、病気である・ないにかかわらず、自分を責めて生きている人がたくさんいますよね。なんで私ばっかりと嘆いていませんか？

今、生きてるからこそ感情を自由に選択できます！　**あなたの考え方を変えるだけで、いくらでも自分に都合の良い捉え方をして生きていけるのです！**　病気になったら、治るまで辛そうにしないといけないと思っていませんか？　嫌なことがあったら、解決するまで嫌な感情のままで過ごしていませんか？

そんなの関係なく、楽しんで笑って治るって信じてください！　嫌な思いをしても、嫌な気持ちのまま過ごさなくていいと切り替えてください！

今、病気を発見できて治せるのは運がいいと思うか、ただ病気を嘆いてストレスを溜めてさらなる病気を引き起こしてしまうかの選択は、あなたの思い込み次第なのです。

病気（ハッピー）は、自分の成長への最高の贈り物だとハッピーに思いましょう!!

リハビリ生活で得た大切なこと

私のリハビリは、リハビリセンターに行くわけではなく、あくまでも入院中にベッドの上でできる顔の筋肉のリハビリでした。私は1回目の脳の手術をした後、集中治療室に運ばれ、自分の顔が通常よりも3倍近く腫れ上がっていたことは、一般病棟に戻ってから知りました。鏡に映る腫れた顔を見たあの時の衝撃は、今でも忘れられません（笑）。

口を開いても小指1本しか入らない状態でした。食事は小さなスプーンで軟らかいものだけでしたし、飲み物はストローで飲むのがやっとです。どれだけ腫れた顔だったか写真を撮っておけばよかったと退院後に思いましたし、富山からお見舞いにきてくれた家族もリハビリ中の私に「写真撮っておけば？」と言っていました。しかし衝撃的な顔を鏡で見た当時21歳の私は、「こんなすごい顔は残しておきたくない」と言いました（笑）。

頭は包帯ぐるぐる巻きにされ、目元はパンパンに腫れて殴られたような一重まぶたになっていました。鏡を見る度に衝撃すぎて「誰？　これ」と笑ってしまう時もありました。笑うといっても、頬っぺたもうまく上がらないくらい腫れていましたが……（笑）。

看護師から渡された顔のリハビリ体操が書かれた紙を見て、2週間はリハビリを毎日したと思います。普通だったら、口の中に手の指4本を縦にして頑張って入れられると思うのですが、リハビリ開始時は小指1本がやっと。

「このリハビリを頑張らないと、元通り口を大きく開けられなくなるから毎日リハビリ体操してね！」と看護師に言われて、毎日必死で指を口の中に入れて涙を出しながらリハビリしてましたね（笑）。

リハビリ中はもう毎日必死で、何も考えられませんでしたが、日々を生きていて自然にいつでも口角を上げて笑顔になれることは、とても幸せだと感じています。

あなたは毎日どれだけ笑っていますか？

私が笑顔の大切さを感じるのに強く印象に残った言葉を紹介します。

「笑えてるやつには笑えているという幸せを、幸福を知って欲しい」

お笑い芸人、江頭2：50さんの名言です。

「あなたが笑うと世界は変わる。
子どもは1日400回笑う。大人になると1日15回に減る。
幸せだから笑うのではなく笑うから幸せ」

妻夫木聡さんが出演していた、グリコのCMでの言葉です。

他にも笑顔の大切さを教えてくれる言葉はたくさんあると思いますが、私の中でいつも記憶に残っていて大切にしている言葉です！

あなたは幸せでなければ、面白くなければ笑ってはいけないと思っていませんか？辛い状況なのに、怒っている状況なのに、今の状況では笑ってはいけないと思っていませんか？　人と笑うタイミングが違うからといって、笑うのを我慢していませんか？

「面白くないんだから笑わない」、これも一つの意思です。しかし「笑おうとしたけど、今幸せではないから笑えない」というのはやめるべきだと思います。そう考えてしまうと「○○でないと幸せではない」と幸せの枠を狭くして、大人の一日平均15回の笑顔がさらに減ってしまいます。たくさんの幸せが溢れているのに、自分の決めた幸せしか見られなくなっていきます。

自ら幸せや笑顔を妨げるルールを作らないでください。

もし明日から笑えなくなったらどうしますか？

笑いたくても口角が不自由になり、顔に表情が出せなくなったらどうしますか？

江頭2：50さんが言ってるように〝**笑えるという幸せ**〟を大切にしてほしいのです！　笑えるって最高に幸せなことなのです！　意図して笑顔を表現できる生物は私たち人間だけ。笑顔は立派な素晴らしい才能です。

「面白いことがないから笑えない」と思っていたことに対して「もったいない」と感じて笑ってほしいです！　特に面白いことがなくても、笑顔を心がけると癌細胞や体内に侵入するウイルスなど、体に悪影響を及ぼす物質を退治しているナチュラルキラー細胞が活性化するという実験結果が出ています。**笑うことは免疫力アップに効果的**なのです。

「笑いヨガ（ラフターヨガ）」という誰でもできる健康法も存在するのです!! １９９５年にインド人のＤr.マダン・カタリアが考案したもので、ユーモア、冗談、コメディは使わず、理由なく笑うというユニークな方法で、日本にも日本笑いヨガ協会があります!!

「笑いの『技術』で、日本中を『元気』にしたい！」という素晴らしいコンセプトで、今日もみんなで笑って健康になっている人達がいるのです！　ぜひあなたの人生をもっと楽しくするための参考に、ご覧になってみてください。

「今、幸せではない」とか「今、落ち込んでいる」と決めつけているのはあなた自身です。辛いことがあっても笑顔になれる、生きている幸せに前進できる**魔法の言葉「まっ、いっか！」と言って笑ってください！**　ストレスを感じそうになったらすぐに頭の中で唱えたり、声に出して言葉にする習慣をつけてみてください。効果は絶大なのでオススメです!!

自分には何が合っているんだろうとか、どうしたいんだろう、したくないけど働かないといけないなど、そんな自分を追い込むように考えるのはやめましょう！

◯◯しなければいけない。◯◯じゃないといけない。◯◯するべき。◯◯であるべき。

こんな固定観念に縛られながら笑顔になってる人なんて、多分いませんよね。どんな時が自然に笑顔になっているか、楽しんでいるか、リラックスしているかを考えて自分と楽しく会話しましょう!!

どんなことで私は笑ってたんだろう？　って思い出せなくても大丈夫です！　**「今から笑えることがたくさん起きるって想像して先に笑えばいいんです!!」**。人生は先に楽しんだもん勝ちです！

治っていく喜びは貴重な体験

「健康な人には病気になる心配があるが、病人には回復するという楽しみがある」

戦前の日本の物理学者、随筆家、俳人の寺田寅彦さんの言葉です。

手術前にこの言葉と出合えたことに、私はとても感謝しています。本当にこの言葉通り、回復していく喜びを肌で感じることができました。

誰だかわからないくらい腫れた顔が元通りに回復していく喜び、手術直後は歩けなかったのにしっかりと歩けるようになった喜び、軟らかくて味のしない病院食と点滴のみだった生活から、しっかりとした歯ごたえも味もある病院食に変更され噛みしめながら味わって食べられる喜び、売店で好きな食べ物や飲み物を買って飲み食いしてもいいと許可をもらえた時の嬉しさ、消灯時間が決まっている病院のベッド生活から退院して外の空気が吸え、自宅のベッドで好きな時間に眠れる喜び。

「健康な人なら当たり前と思っていてごく普通と感じていることが、実は普通ではなく、とてもありがたいことなんだ」と、21歳という若い時に経験できたのは貴重なことであり、幸せでした！

体の回復や幸せは、病気になったからこそ感じられる特権なのです！

手術後も何度も倒れて救急車で運ばれましたが、その度に助けてもらえること、治療してもらってまた何事もなく退院して日常の生活に戻れること、今思い出しても運が良く恵まれていることに気づき、感謝しています。

富山に帰ってきてからも、「てんかん」を治すために、25歳だった平成27年7月に石川県の浅ノ川病院で再び開頭手術を受けました。京都府立医科大学附属病院での開頭手術と同じなのに10時間で終わり、入院日数も10日間という短さに驚きました。

5年間で医学が進歩したのか、浅ノ川病院のてんかん専門医の先生たちの技術が素晴らしいのか素人の私にはわかりませんが、とても感動しました。また誰だかわからないくらい顔が腫れてしまうのかと覚悟していましたが、少し腫れはしましたが、リハビリが必要なほど腫れることがなかったのは嬉しい驚きでした。

手術前に尿道の管が嫌なことを話したら、「ならオムツだけにしておこう」と言ってくれる医者の優しさに、私は神対応と感じるほど嬉しかったです。普段ならオムツも恥ずかしいことなのですが(笑)。頭を二度も開いて手術したのに、開頭した傷は髪の毛で隠れて見えないので、見た目ではわからない健康な体で今も生活できています。

こんなに素晴らしく嬉しいことはあるでしょうか。この経験、嬉しさを活かしたい、生きている喜びを肌で感じてこれからも生きたいと思い、常に好きなことを探求しています。


毎日、好きなこと、笑えることをして自分を満たしてあげていますか?

自分の幸せは後回しにしていませんか?

自ら後回しにしているのに周りの人のせいだと愚痴をこぼしていませんか?

毎日誰かにしてもらうのではなく、あなたがあなたにしてあげてください。人にしてもらわないと寂しいとか幸せじゃないなどと考えるのではなく、まずは自分が自分のためにしてあげることです。自分が自分を喜ばすことを知ることは、とても大切なのです。

幸せも不幸も「状態や状況」ではなく、あなたの「考え方や捉え方」で決まるのです。

- **日常の幸せに気づき、素直に喜ぶ。**
- **当たり前という考えを捨てる。**
- **普通なんてない。全て感謝すること。**

まずはこの3つから意識して、幸せの視野を広げましょう！　当たり前とか普通などと考えずに、幸せと感じてみてください。喜びや嬉しさなどの感情にも大小をつけないことです。一つひとつ噛みしめて、幸せを実感しましょう。

あなたの考え方、捉え方次第で、どんな些細なことでも不幸になりたければすぐになれますし、幸せにもなりたければすぐになれます。

「病気になるなんて最悪、やっと病院から解放された。こんなに入院させられて大学も休学することになるなんて私はツイてない」

「病気になって手術という貴重な体験ができた。無事成功して退院できて幸せだな。私はツイてる」

体験した出来事への意味づけは、全てあなたができます。最悪な出来事としてあなたに起こることなんてないのです。この病気での入院生活をどちらの意味をつけてどのような心持ちで退院するか、私は自分で、後者の考えに決められたのです。

楽しく生きるためには、出来事の結果ではなく、どんなことでも心の持ちようでいい気分になれることが大切なのです！　幸せについて考えている時間、感じている瞬間から、あなたの幸せはもう始まっているということを喜んで毎日を体験してください!!

病気（ハッピー）で本を出版できた私は最高にハッピー!!

ネガティブだった私を変えてくれた

人は変化を嫌う傾向にあるので、変わりたいと思っていても愚痴を言いながらも現状をなかなか変えられないことが多いのです。

私は周りをとても気にする人間で、自分はどう見られているのだろうか、今の自分の言動はどう思われただろうか、いつもと雰囲気が違うと私が何か気にさわることをしてしまったのではないだろうかなど、こんなことばかり考えて自らを息苦しくしていました。

この生き方では本当に疲れますし、自分に負担をかけます。**他人の言動に左右さ**

れて毎日を生きているのはとてももったいないことです。

環境を変えて自分自身も変わろうと富山から京都に来てひとり暮らしを始めましたが、どうすれば変われるのか、変わるとはどういうことなのか何もわかりませんでした。

そんな生き方をしていた19歳の時に病気が発覚しました。これはチャンス、自分を変えるきっかけにしないといけないと思ったのです！

中学生の頃、好きな漢字を習字で書くときもなぜか毎回「協力」という文字しか書けなかったのです。友達にも「いつも『協力』だね」って指摘されましたが、苦笑いしかできなかった当時の私です（笑）。

なんで他の漢字を書けなかったのか自分でもわからないのですが、まさに自分より周りに意識が向いていたのでしょう。そんな意識を変えるために「自分は病気になった」と捉え、病気と向き合うことに集中できたのです。

自らが病気になってみて、病気になったから不幸になるわけではないと気づきました。病気でも幸せ、楽しみを見つける人は幸せになれるし、健康でも苦しみや悲しみばかり見つける人は不幸になるということも、過去の自分を思い出しながら考え始めました！

10代の頃は人のためになる仕事をしたいと漠然と思っていたのですが、人と比較して自分の評価を低くしている人間が、人のためとか人の幸せなんて本気で思えるはずがありません。

まずは自分がしっかりと芯を持って生きなければ、人のためなんて簡単には言えないし、自分の心の弱さも受け入れるために病気を糧《かて》に前進していこうと決めたことで、周りを気にせず今の自分をどう変えていこうかと自分に意識を集中することができるようになっていけたのです。

人生は自分の思い込みで創られていてそれぞれの主観で決まり、一人ひとりがそう決めたことが人生に展開していくだけだと、私は少しずつ体験しながら理解していきました。

私もそうなのですが、周りから「人生は甘くないよ、厳しいよ」と言われて育てられた人が多いのではないでしょうか？　何か自分の中でうまくいかないと感じることを経験すると、「ああ、人生はやっぱり甘くないんだな」と信じ始めて、そう思いながらその後も人生を生きていくと、何かネガティブな感情になるようなことが起きる度に「人生は甘くない」という固定観念が脳に焼き付いていきます。

そしてあなたが周りから言われたように、あなたもまた周りに広めてしまう。人生は思い込みで創られていくので、あなたが「人生は甘くない」と思い込んでしまったから、世界はそう見えているだけです。

自分の人生が理想通りの明るい現実になったら、やっと心から幸せになれるって思っていませんか？「たられば」を言いながら今を嘆いていては、理想通りの未来にすることは難しいのです。病気の場合も治ったら幸せと考えてしまうと、今は治っていないから幸せじゃないということになります。

ネガティブ自体は悪いことではありませんし、ネガティブ思考がなくなることもありません。人は防衛本能により、納得できないことはなかなか記憶から消えないようになっているからです。

第2章でも述べましたが、「ネガティブはいけないこと。ポジティブにならなきや」という考えは捨ててください。**何がネガティブで何がポジティブかなんて、人それぞれに違う解釈**です。最終的にはこの言葉自体を忘れることが理想です。

ネガティブ感情自体が悪いのではなく、ネガティブ感情になっていることで自分を責めたり、他人を責めたりすることが問題なのです。そしてその感情を保存しておくと、嫌な記憶として残るのです。何も意味のない出来事を嫌な出来事と捉えて傷ついたと受け入れ、嫌な記憶となる種を大きくしているのは自分自身だと気づくことが大切です。

ネガティブな感情は、車のシートベルトを締め忘れたり冷蔵庫のドアを閉め忘れた時に鳴る音と同じで、心の警告音と思ってください。その感情は、「あなたの望んでいないこと、いい気分にはならない感情ですよ〜」と注意をうながすための警告音です。あの心のモヤモヤを、早くいい気分に切り替えてほしいという警告なのです。

一時のネガティブ感情を、悩みとか焦り、あなたの苦手意識として植え付けてしまうのは、警告音を無視してずっと考えてしまい、嫌な出来事として心に残ってしまうからです。

このモヤモヤは、あなたが自分にとって望まないことだと教えてくれる警告音、感情音と記憶し、「今のが私が望まない嫌な体験なんだ」と体が教えてくれたと納得して、もう別の楽しい感情に切り替えてください。嫌な出来事のままで記憶を残さないことが大切です！

例えば嫌いな食べ物についてネチネチ考えたりしますか？ 「あぁ～不味い！ ムカつく！ 見ただけで、思い出すだけでイライラする」なんて言わないですよね(笑)。嫌いな食べ物だから食べない！ それで終わりで他のこと考えますよね？

全く同じように、嫌いな人だから毎日ムカつくと考えるのではなく「この人は嫌いだから、この人のことは考えないようにしよう」と考えて終わりにすればいいのです。

〝**嫌いなものは嫌いでいい**〟と切り替えてしまうのです。我慢するから長引く。嫌なこととして考えるからストレスが溜まる。きっぱりやめて、他のことを考えたほうが賢明なのです!!

私は嫌いという感情を無関心にしてみようと決めてから、人に対してムカついても、無関心リストに入れると〝嫌い〟から〝どうでもいい〟の感情に変化していくようになりました。

あなたなりの対処法を見つけて習慣にすれば心に余裕が生まれ、「あれ？　どこが嫌いだったんだろう？」って思う時が来たりします（笑）。その出来事に嫌いと意味づけていたのはあなただったからです。

大切なのはあなたの体と心です！　自分で心を整えて明るく生きる！　そのためにはちゃんとあなたが自分の居場所を見つけるために、周りや世の中に合わせた別の誰かを演じてストレスを感じたりするのではなく、**心の警告音をしっかり感じて、あなたの心がいい気分になる方向に合わせて生きていきましょう。**

私たちの自己治癒力

病名がついている全ての病気を、誰か（薬や医者の治療など）が治してくれるのではありません。ちょっとした風邪から癌の治療に至るまで、日本人の多くは「病気は薬や病院で治すもの」と信じて疑いません。たしかに体の異常を治すのは薬や医者だと思い込みやすいのですが、これらはあくまでも私たち人間が自らの力で治すための助けとなるものです。薬と病院を上手に利用することで、私たちが持っている自己治癒力がしっかりと力を発揮してくれます。

人間には素晴らしい自己治癒力が備わっているのに、些細なことでも病院に行き、治療をしなければ体は治らない、しっかり診てもらったほうが安心と深く擦り込まれているのです。それゆえ、病院に通う患者が後を絶ちません。日本人1人あたりの年間外来受診回数は約13回で、他の国と比べて約2倍も多く、あるデータでは1人の医者が年間に診察する患者数が5600人にも上っています。

そして、医者の数が絶対的に不足しているので過労死寸前まで働いては辞めてしまい、また他の医者に負担がかかるというドミノ倒しのような負のスパイラルが止まらないのです。日本の調剤薬局の数はコンビニよりも多く、全国に5万5000店と世界でダントツの1位です。その一方、飲み忘れ、飲み切れずに大量に溜まる残薬が年間500億円と言われています。

これに対しては、医者の給料を上げろとか医者の数を増やせばいいという政府や病院側の問題ではなく、私たち患者となりうる国民一人ひとりの意識を変えることに重点を置く必要があると思います！　そのためにはもっと体のことを理解し、常に自分を守ってくれていると感謝して自己治癒力を信じる必要があります。

自己治癒力には次の2つの機能があります。

・自己再生機能……傷を負ったりしても、壊れた細胞を修復して元に戻そうとする力
・自己防衛機能……外部から侵入する細菌やウイルスなどの外敵と戦い、自分の体を防衛する力

体の不調を解消し、病気を防ぎ、健康で元気な生活を送るためには、この「自己治癒力」を普段から高めておくことが大切です。

数々の病気に対する名言を残した「医学の父」ヒポクラテスは、こう言っています。

「私たちの内にある自然治癒力こそ、真に病を治すものである。
人間は誰でも体の中に１００人の名医を持っている。
病気は人間が自らの力をもって自然に治すものであり、医師はこれを手助けするものである」

医者はただ手助けをする存在であり，あくまで病気を治すのは本人の自然な自己治癒力だとヒポクラテスが２５００年前に言っていたのです。健康や病気の状態を自然現象であると捉える医療の基礎を作ったヒポクラテスの数々の名言は、今も彼が生きているのではないかと感じさせられるものばかりです！

風邪をひいて体温が上がるのも、下痢をするのも、ケガをして血が出てかさぶたになったり腫れたりするのも全て意味があり、自己治癒力が働いて治そうとしてくれているのです。

病院や薬局の薬よりも、まずは「体内の薬」である自己治癒力を信じることが大切です。

自己免疫力が正常である限り、私たちの体の中では「治療など一切受けずに、常に癌細胞や外部から侵入した細菌やウイルスと戦い治っている」のです。素晴らしいですよね。

病気やケガも、体があなたに知らせてくれる異変の合図です。それを「なんで私ばっかり！」などと自分を責めてしまうのは、あなたのために頑張ってくれていた人をけなすことと同じです。他人に言われた言葉は自分の受け取り方次第ですが、自分の口から出た言葉は自分自身に一番影響を及ぼします。**マイナスな言葉はあなたの体と心にダメージを与えていることになる**のです。精神的に不安定になると免疫力や抵抗力が低下し、自己治癒力もうまく働かなくなってしまいます。

その自己治癒力、自己免疫力を高めるために、自分を否定せずに毎日優しく褒めてあげたり癒してあげてください。

毎日たくさん笑って、楽しいことをしてあげてください。面白いことがなかったら笑いヨガをしてあげてください。笑顔がストレスを減らし免疫力を上げてあなたを守ります！

医療や薬は体の回復を助けるためのサポートであって、大切な軸となるのは**あなたの素晴らしい体と心からの自己治癒力**なんだと覚えておいてください！

生まれた奇跡と生きる価値

私たちはもっと生まれた奇跡を喜び、生きる楽しさと価値を子どもの頃からきちんと教えてもらうべきだと思いますし、日頃からそう感じられるように自分自身でも意識して生きていくべきだと私は思います。ただ漠然と毎日を生きている人が多いと思いますが、人間が生まれるということはとんでもない奇跡的なことだということをもっと理解し、幸せに生きてほしいと思います。

これは、子どもを作れる期間の精子と卵子の数です。

・父親の精子1兆7500億
・母親の卵子200

この数字から私たちが生まれてきた奇跡の確率を求めると、

1／1兆7500億×1／200＝1／350兆

となります。350兆分の1の確率で私たちは生まれてきたのです!!!

もう想像もできない、ただただすごい奇跡の数字ですよね！　そしてこの平和な日本に生まれる確率は、さらに低くなります。

世界の人口は、2020年現在で約77億人。

日本の人口は約1億2000万人。

日本人として生まれてくる確率は、わずか1.6%！

この奇跡は、あなたが自分で起こした奇跡ではありません。両親が起こした奇跡なのです。**こんな奇跡的な確率で生んでくれたことに感謝し、あなたの子どもたちにもこの幸せを伝えてあげてください！**

自らを悲観して生きている人が多いのですが、それは単なる思い込みです。もっと「こんな奇跡的に生まれた私は最高に運がいい」って自分を癒してあげるべきです！

日本の放送作家、音楽プロデューサーの秋元康さんの次のような名言があります。

「エジソンは『成功とは99%の汗と1%の才能である』と言ったようですが、僕の場合は、98%の運と1%の才能と1%の汗（努力）じゃないかと思うんですよ」

才能や努力ではどんなに頑張っても上には上がいます！　しかし運については、

自分で「世界一運がいい」と思い込んでもいいのです！　どんなことで運がいいと思うかも、人それぞれ自由だからです！

私はこれまで何度も倒れていますが、手術して病巣を取り除いてから倒れています。もしこれが手術する前の【ナイダス】と呼ばれる異常な血管の塊を取り除く前の状態だったら、破裂していたかもしれません。取り除いているから、倒れてもてんかん発作という形だけで済んでいます。**だから私は「世界一運がいい」と思うことにしています。**

日本は先進国の中で、自分のことを「価値ある人間」と思っている人の割合がもっとも低く、「自分はダメな人間」と思っている割合が非常に高いのです。日本では謙虚で、控えめで、常に自分を律することが美徳とされていますが、私たちは自分自身で生きていく価値を高めていくべきなのです！

世間とズレていようが、他人に否定されようが、説教されようが、気にしなくていい。自分には価値がないとかダメな人間だとか自分を責める人が多いけれど、今あなたは生きています！　どんなにお金持ちで、天才で、周りに称賛されている人がいたとしても残りわずかの命だとしたら、まだ命があって元気で明日も生きられるあなたのほうが幸せだと思いませんか？

あなたがあなたとして生まれたからには、あなただけの感覚で楽しめることが絶対あるし、あなただけの感覚で周りを幸せにできる方法も絶対にあります！　自分の価値を自分で下げないでください！　日本人だから謙虚で控えめにしたほうが……なんて自分の感情を抑えないで、小さなことでも大きく喜んでいいんです!!

あなたは自分で世界を想像して、創造して、行動して、体験して好きなように楽しんでください。そのために生まれてきたのです！

生きているだけで……幸せはいつもある。

生きている限り……幸せは味わえる。

生まれた奇跡と生きている価値を再認識し、「世界一運がいい」「好きなように生きる」など、あなたが毎日笑顔になれる言葉を口にして生きていきましょう!!

３章のまとめ

❖病人に対し、可哀想ではなく力づける励ましの言葉を使おう

❖固定観念に縛られずに笑顔の時間を増やそう

❖幸せや不幸は『状態や状況』ではなく、あなたの『考え方や捉え方』で決まる

❖「人生は甘くない」は思い込み

❖嫌いなものは嫌いでいい、理由なんて考えない

❖嫌な現実にしているのは自分自身かも。認識を変えよう

第4章

病気が私に教えてくれたこと

私は障害者

石川県の浅ノ川病院で手術していただいた担当医から障害者手帳の申請について教えてもらい、私は精神障害者保健福祉手帳※を持つことになります。

現在、障害者手帳には、身体障害者手帳・療育手帳・精神障害者保健福祉手帳の3種類あり、それぞれの手帳で受けられるサービスの内容は異なります。私は症候性てんかんなので精神障害者保健福祉手帳を申請することができます。

てんかんがある人の場合、車の運転免許の取得には医師の許可が必要となります。免許の更新時にも、同様に毎回医師の診断書が必要となります。さらに夜間のみの発作など例外的な場合を除いて、2年以内に発作を発現したことが一度でもあると道交法上運転はできなくなります。

私は19歳で脳動静脈奇形が発覚し、手術後も発作が起こることから症候性てんかんと診断されます。車の運転免許を取得したかったのですが、手術後も発作は起きていたのでなかなか医者の許可をもらうことはできませんでした……。

※　精神障害者保健福祉手帳（1～3級）
対象となる精神の病気があり、長期にわたり日常生活または社会生活への制約（生活障害）がある人が対象です（軽度の神経症や心身症など一部の病気や、精神科の治療対象にならない人格障害、知的障害などを除きます）。年齢による制限や在宅・入院の区別はありませんが、病院に初めてかかった日（初診）から6ヵ月以上経った日から申請できます。

「障害者として生きる」

ということには全く抵抗はありませんでした。別に首に手帳をぶら下げて歩くわけでもないですし、他人に迷惑をかけることもありません。それよりも障害者手帳をもらった時の正直な感想は、「今までの病院ではなんで障害者手帳のことを教えてくれなかったんだ」ということです。

石川県の浅ノ川病院に行くまで京都では3カ所の病院、富山県に帰ってきてからも1カ所、計4カ所の病院に通っていました。その間に私は8回も発作で倒れて救急車で運ばれています。それでも、どこの病院の医者も薬剤師も障害者手帳のことを教えてくれなかったのです。

自ら申請しないといけない、それまで知らなかった私が悪いと言われればそれまでなのですが、第2章の『病気は個性』でも述べました通り、当時の私は手術は成功したけど後遺症で倒れているとしか思っていません。後遺症の名前が「てんかん」と京都では言われてはいましたが、障害者の対象になることなんて知りませんでした。

私がてんかん患者だというしっかりとした説明をして自覚させてくれ、その上でもう一度手術して治そうと勇気と希望を与えてくれたのは、浅ノ川病院の手術担当医だったのです。

初期申請した時に持ったのは精神障害者保健福祉手帳1級です。京都府立医科大学附属病院での一度目の手術から5年も経っていました。もしも一度目の手術の後で倒れた時に障害者手帳を申請していれば、京都に大学生としていた頃から各種のサービスを受けることができました。京都府立病院での手術から浅ノ川病院で手術をするまでの5年間は、診察も高額な薬も通常通りの3割負担の金額でしたし、バスや電車、映画館も通常料金でした。

障害者手帳を持つと、民間事業者では携帯電話料金や映画館の入場料金の割引や、コミュニティバスの割引サービスを受けられることもあります。手帳を持ってから高額な薬も診察も1割負担となりました。何よりも、障害者手帳を持つことで「なんで手術は成功したのに倒れ続けて、車の運転免許を取得してはいけないと言われる『てんかん』の治療はせずに、ただ薬をもらうためだけに病院に通っているのだろう」という疑問や心のモヤモヤが晴れたことが大きかったのです。

「もしも」や「たられば」を言っても仕方ありません。全てはその瞬間瞬間の自分の捉え方だと伝えてきました。ですが、こんな過去の話をしたのは、私の不満を伝えたいわけではありません。

病院の医者や薬をくれる薬局の薬剤師に任せっきりではいけないということです。自己治癒力を最優先に信じることはもちろん、あなたの体のことはあなた自身が一番に理解して、いい気分で過ごしてほしいと思います。そのために「仕方ない」と妥協せず、しっかりと自分が生きやすいようにセカンド・オピニオンするなど、全治を諦めない意識を持ってほしいと思います。

辛いこと、悲しいことは自分を変える分岐点

「2年前、32歳の時に、私は乳癌であることを宣告されました。娘は3歳、息子はまだ1歳でした。

（略）

元の自分に戻りたいと思っていながら、私は、陰の方に陰の方に、望んでいる自分とはかけ離れた自分になってしまっていたことに。

何かの罰で病気になったわけでもないのに、
私は自分自身を責め、それまでと同じように
生活できないことに、「失格」の烙印を押し、
苦しみの陰に隠れ続けていたのです。

（略）

人の死は、病気であるかにかかわらず、
いつ訪れるか分かりません。
例えば、私が今死んだら、
人はどう思うでしょうか。
『まだ34歳の若さで、可哀想に』
『小さな子供を残して、可哀想に』
でしょうか??
私は、そんなふうには思われたくありません。
なぜなら、病気になったことが

私の人生を代表する出来事ではないからです。

（略）

与えられた時間を、病気の色だけに
支配されることは、やめました。

（略）」

２０１７年６月22日夜に、天国に旅立った小林麻央さんのブログで、イギリスＢＢＣサイトに寄稿されたものです。

多くの人に感動と勇気を与え、２０１６年ＢＢＣが選出する世界の女性１００人に選ばれました。

これは２０１３年に始まった企画で、日本人で選ばれたのは小林麻央さんが初めてでした。

おこがましいのですが、小林麻央さんは私が本書で伝えたいことをたくさん語ってくれているのです。

病気にかかわらず、毎日の生活の中であなたに当てはまることはないですか？どんなことがあっても元の自分に戻ろうとしなくてもいいのです。今のあなたが全てです。どんな状況下にいようとも、今のあなたがどう感じて、どう考え、どう捉えて行動するかで決まるのです。常に今の自分が一番素晴らしいと思えるように生きてほしいのです。

今を幸せにできるのは、過去のあなたでも未来のあなたでもなく今のあなただけです！

失敗したから、嫌なことがあったから不幸だと捉え、苦しみの陰に隠れて今の大切な時間も不幸な時間にしてしまっているのは、失敗した出来事のせいでも、嫌な過去のせいでもなく今のあなたの考え方、心の持ち方なのです。

癌で34歳という若さで亡くなった。視点をそこに当ててしまえば、悲しい出来事です。

小林麻央さんは、健康な昔の自分に戻りたいというこだわり（理想）を捨てて病気の捉え方を変えて病気を経験したことで、完璧な母親であるべきと思っていたのに何もできなくなっても愛してくれる家族がいる、2人の子どもがいるという幸せ、ブログを始めて今を明るく生きることのほうが大切だと気づけたのです。

病気は、拒めば拒むほど忘れられない。

嫌な出来事も、思い出せば思い出すほど嫌な出来事として記憶に残る。

未来も、不安に思えば思うほど今のあなたを苦しめる。

「なぜ私がこんな辛い目に遭わなければいけないのか」と考えても、いい気分になれることなど絶対にありません。

あなたが今生きているのは、過去の嫌な出来事、辛い目に遭ったことを帳消しにするためではありません。いい気分で今を楽しむためです。それにはどんな思考で、どんな行動をしたら幸せなのか考えればいいのです。

嫌な気分になった時、その原因は場所？　人？　行動？　出来事？　と探す人のほうが多いと思いますが、そんなことをしている間も心はモヤモヤしていますよね？　そして考える時間が長ければ長いほど記憶に残ります。

体は、あなたが心ではそんなことを望んでいないということを教えてくれているのです。

嫌な気分になったから原因が何かなんて考えない、無理に拒むのではなく不快になることをまず考えない、次の幸せに向かっていい気分に変えるだけです！

環境を変えるだけでは変われない理由

よく「ここの環境嫌いだから環境を変えたい、ここの環境のせいで私は変われない」と言う人がいますが、その思考のままだと環境を変えたとしても、またそこでの嫌な部分を意識し始めると環境のせいにしてしまう可能性が高いのです！
「変わりたければ環境を変えなさい」と言われたり、どこかに書いてあるのを目にしてそう思うのかもしれませんが、実は変えないといけないのは環境ではないのです。

私も環境を変えれば変われると漠然と思い込んでいた一人です。自分を変えたいと思い、富山から京都へ引っ越してひとり暮らしを始めましたが、何も変化はありませんでした。

ただなんとなく環境を変えれば変われる！　と思っているだけでは、行動や考え方は富山に居た頃と変わらないのです。そして、特に変化がないことを「この大学に来たのが失敗だった」とか「変える環境はここではなかったのかも」など、何の罪もない環境のせいにしてしまい、さらには「この場所を選んだ自分が悪い」と自分を責める悪循環の日々でした。

私は病気がきっかけで自分を変えようと強く思うことができましたが、変えていくためにもっとも必要なのは環境でも病気でもなく、日々の自分の意識だと気づけたのは二度目の手術後でした。
二度目の手術までの私は、『ザ・シークレット』(「引き寄せの法則」を主題とする50カ国で訳され、2000万部以上売り上げている書籍)のDVDに出合ったり、素晴らしい本をたくさん読んで自分を否定することはなくなっていきましたが、自分よりも周りに意識が向いてしまう癖は簡単にはなくなりませんでした。
変わりたいと望みながらも行動に移せない人は、大きな変化を意識しすぎています。

変えなければいけないのは環境ではなく、日常の無意識に行動している部分です。

やるぞ、変わるぞ!! って3日も続かない熱意のモチベーションよりも、小さな変化からでもいいので、無意識に習慣化していることに変化を与えることが大切なのです。

・世間や周りの感情、思考に合わせない。

・テレビを観る時間を減らす。
・ニュースに感情移入しないために観ない。

私はまずこの3つから始めました。他人と自分を比較するのをやめるためです。この3つを意識してやめたおかげで、友達や周りが人の悪口や愚痴を言っていたとしても、それに対して「なんてひどい人なんだ」などと共感することがなくなりました。それは、自分がその瞬間に関わっていないからです。他人が感じたマイナスなことを、自分も聞いてマイナスになることは無意味だと気づいたのです。テレビニュースを観なくても、悪い情報を目にしたり、耳にすることはありますが、それでも感情移入することはなくなりました。

まず、**自分を変えようとする時に周りと比較することはやめましょう！** 外側（世間、周り）だけの世界ばかり気にしないことです。

あなたが思っている外側はあなたの内側の心の持ち方、感じ方が変わるだけでガラリと見え方が変わるものなのです。

ですから、**どんな状況でも良いところに意識を向ける癖をつけましょう！** たくさんの幸せを感じるために、周りに影響されない強い意思を持つために！ 幸せも不幸も、自分が出来事をどう受け止め感じるかで決まるのです！

私たちは「今の環境を変えれば未来は変わるはず」「この嫌な環境を乗り越えれば未来は変わるはず」と、未来ばかりに変わるきっかけを押し付けてしまいがちです。

これは環境だけではありません。不幸だけでなく幸せについてもこのように考える人は非常に多いのです。

恋人ができれば幸せ。結婚すれば幸せ。子どもができれば幸せ。転職すれば幸せ。あの人が性格を変えてくれれば幸せ。

などなど……みんなキリがないくらいに理由をつけて、未来が変われば幸せだと言います。これは、実は幸せを遠ざけている悲しい考え方です‼　なぜだかわかりますか？「変わるまで私は幸せじゃない」と言っていることになるからです！

恋人、結婚できるまでは幸せではない。子どもができるまでは幸せではない。退職して転職できるまでは幸せではない。あの人が性格を変えてくれない限り、私は幸せではない。

こう言っているのと同じだということに気づいていない人が多いのです。

何かから逃れたい気持ちの「幸せになりたい」では、「今は幸せではない」という現実を作り映し出しているということに気づいてください。

◯◯を変えれば変わる！　この◯◯に当てはまるのは一つしかないのです！

「今の自分」です。その一瞬一瞬の自分の考え方、捉え方が全てを良いほうにも悪いほうにも簡単に変えていくのです。

どんなに悪い環境であろうと、あなたが笑顔でいい気分で過ごしていれば周りも笑顔になるだろうし、どんなに良い環境と言われるところでも、あなたが不機嫌だと周りにも嫌な空気は伝染します。

自分を変えてくれるようなものが何もないところでも、笑顔が溢れる空間や人々がいて、そこであなたも笑顔になれば世界は変わるのです。

意識を向ける方向に人生は進む

人生を変えたい、自分を変えたいと思いながらもなかなか変えられずにいる人は、意識を向ける方向が間違っている可能性が高いのです。

あなたの変えたいことは何ですか？

例えば「お金持ちになりたい」だったとします。その理由を探ると、大抵の人は「今の会社を辞めたいから」「お金のことで悩むことが嫌だから」など意識がマイナスに向いているのです。

幸せなお金持ち生活などをイメージしているのではなく、今の自分が抱いている嫌な状況から解放されたいという思考のままで望みを訴えているので、「お金持ちになりたい」という思考よりも、今の生活が嫌だという思考のほうが強く、意識はマイナスにさらに向かっていくのです。

第2章でも取り上げた宇野千代さんの名言は、全てに共通するのです。「病気になったら、私が一番最初に気をつけることは何かというと、一日中、病気のことで頭をいっぱいにしないことである」。

お金持ちになりたいと望むのなら、一番気をつけることはお金持ちではない自分のことで頭をいっぱいにしないことです。会社を辞めたい、お金のことで悩む今の生活が嫌ということで頭がいっぱいになっていたら……。

人は考えているほうに、意識を向けているほうに進んでいきます。意識は「お金持ちになるという願いが叶って幸せな毎日」よりも「お金がない私」「会社が辛そうな私」に向いているのです。これでは望みは叶いそうにありません。

今の自分を否定しているのに幸せな未来を望んでいては、今の自分がいい気分になりません。否定しながら幸せになることはできないのです。
毎日の生活の中であなたは自分のことではなく、他人や世の中など外側で起きている、もめ事、嫌な状況、嫌いな人、不況、事件、事故、未来の不安に意識を向けすぎていることに気づいてください。

辛いこと、悲しいこと、ムカつくことなどに共感しても誰のためにもなりません。そんなマイナスの意識ばかりに向いてしまい、今を否定してさらに自分を苦しめているのはあなた自身です。幸せになりたい、お金持ちになりたいと願うのは自分のためのはずなのに、毎日自分を否定したり責め続けていては、幸せな方向には進めないのです。

「○○になりたいと望んでいるのに叶わない、やっぱり人生は甘くない」と考えるのではなく、**どんな気分で願っているか、望んでいるか、今のあなたの気分がとても重要なのです。**

「お金持ちになりたい」というあなたの気分が夢や希望に向かってワクワクしてい

るのならよいのですが、現在が不満だからと悲壮感たっぷりの気分で望んでいても、また不満を感じる方向に進むだけです。

意識は自分の喜ぶことにだけ向ける。その結果、笑顔が増えて人に笑顔を与えられるようになり、幸せと感じることが増えれば人のために何かしてあげたいという感情も自然とわいてくるのです。**自分に意識を向けることは、自己中心的感情ではありません。**

病気を経験して、病気になる前は自分のことを大切にしていなかったと気づく人はたくさんいます。私もその一人です。

病気になったことを悔やむのではなく**「今を大切に、一日一日大事に生きなきゃいけない」と気づくのだそうです。**

病気は一つの視点から見れば不幸と感じてしまいます。でも、どう捉えてそこから何を得られるかは、意識がどこに向いているかが重要なのです。

人は、無意識（現状維持も同じ）だと、どうしてもネガティブな思考に向かうようになっています。だからこそ、自分はどんなことでいい気分になるのか日頃から意識して、ネガティブ思考になりそうになったら、すぐにいい気分に切り替えられる癖をつけておくことが幸せを感じられる秘訣です！

同じ病気やケガでも「治って幸せな自分」と「病気やケガをしたことを悔やみ悲しむ自分」のどちらを意識して過ごすかによって、回復のスピードが変わります。

あなたの人生の仕事はあなたを**〝幸せにして喜ばせる〟**ことです。親や友達、恋人や結婚相手があなたを幸せにしてくれるのではありません。あなたがあなたを幸せにするのです。

そのために日々どんなことを考えればいいのか？　**幸せと感じるのはどんな時なのか？　自分の喜びに敏感になって大切にしてください。**

あなたが幸せになれることだけを自分のために感じてあげてください。

あなたは今の自分がどんなことで喜ぶか知っていますか？

何が好きで、どんな時に幸せな気分になるか、ちゃんとわかっていますか？

他人を知るより、まずあなた自身をちゃんと知って、自分が笑って喜べる方向に意識を向けてあげてください。

幸せや不幸の定義はありません。ですから、何をしたら幸せという正解もありません。他人が幸せと感じることでも、あなたが幸せと感じられるとは限りません。みんなハッキリとした自分の幸せがわからないから悩み、妬み、迷い、他人を羨むのです。

何でも不安になるのは、意識が「今この瞬間」に向いていないからなのです。体調が悪い、病気かもしれない。もしかしたら嫌われたかもしれない。このまま会社を辞めずに苦しむかもしれない。

勝手に悲劇の未来を想像して不安を感じているだけなのです。「自分の幸せがわからない」と悩むのも「今この瞬間」に心がなく、自分を見失っているからなのです。

自分に対する不安を想像して苦しんだり、悩んだりする人は**客観的に自分を見る訓練をしましょう**。日頃から意識して、ネガティブ思考になりそうになったらすぐにいい気分に切り替えられる癖を身につけていきます。

起きてもいない不幸や不安、幸せではないと決めつけようとする自分から距離を置いて眺めてみます。そしてそんな自分を「今この瞬間」に戻してあげる、切り替えてあげるには、何が自分にとって適切なのか考えてあげましょう。

どんな時も意識は今の自分に向けましょう。今あなたが生きているのは「今を楽しむため」です。

今が幸せではないと感じるのは、「なんで私はこうなんだろう」「こんな私では幸せになれない」と過去や未来をマイナス感情で見ていたり、他人と比べているからです。視点が幸せではない方向に向いているのです。

幸せを感じられないと思い込んでいるのは、世間や周りが捉える幸せに縛られすぎているのかもしれません。

まず自分と向き合ってみてください。他人や世間を意識しすぎて自分がわからなくなっているのです。自分だけの幸せを見つけるために生きている、素晴らしい命なんだと実感させてあげるために「今を楽しむ」ことだけに意識を向けるのです！

あなたの意識をどこに向けているかで世界が変わる、人生が変わる！　あなたの世界をどのような形の素晴らしい世界にするかはあなたの自由意思です！

世間一般の幸せを大きく考え求めるのではなく、今のあなたの気分が少しでも晴れやかになること、自然と笑顔になれること、気分が良くなること、小さな喜びを感じられることをしましょう。幸せは自分で見つけて創るものなのです。

嫌な出来事と言われることが起きても、**いい気分になれる方向に切り替えられるのが早い人ほど幸せに生きているのです!!**

成功者は、失敗の回数は多いけれど、失敗してもそれが成功への一つの過程だと信じてどんどん挑戦するから成功するのです。そして失敗よりも行動しないことのほうを恐れているのです。


「わたしは今まで一度も失敗をしたことがない。電球が光らないという発見を、今まで2万回したのだ。それは失敗じゃなくて、その方法でうまくいかないとわかったんだから全て成功なんだよ」

――トーマス・エジソン

「世の中に失敗というものはない。チャレンジしているうちは失敗はない。あきらめた時が失敗である」

――稲森和夫

「うまくいかなくても、やったことは全部、将来の自分のプラスになります」

――孫正義

ある出来事で感じた嫌な気持ち、それは自分にとって幸せではないことだとわかったから、それを知ることができたことも幸せなんだ！　とエジソンだったら思うはず！　今日からあなたも思うはずです。

成功していたり人生を楽しんでいる人にも嫌なことは起きているはず。でもそれをうまくいかない理由にしない、いい気分にならないことを考えていても意味がないって体に染み付いているから切り替えが早く、望む方向へ目をそらさないことを続けているだけです。

「楽しいこと、幸せなこと」にしか興味がないから、意識が嫌なことに向いている時間がほとんどありません。またすぐ「考えたらテンション上がるほう、ワクワクするほう」へ意識が向く癖がついているのです！

できないと決めているのはあなた。癖になるまでやり続けましょう！　楽しくなるまでやり続けましょう！

今、あなたが毎日できていることも、今のあなたができて当たり前と思えるようになっているからできているのです。

あなたが世界をどう見るか、出来事に対する意識をどう考えるか、自分はどうしたいのか、そしてどう喜んで笑いたいのか。全てそこに向けて考えて行動してみてください！　そうすれば必然的に世界が変わり始めます。

「思考は現実化する」「引き寄せの法則」

これらは有名な言葉なので、わかりやすく説明している本はたくさんあるのですが、私は**「あなたの意識（思考、感情）によって作り上げられた今が現実化していく」**と思っています。

お金持ちになりたい。幸せと感じることができなくなった。

これらはあなたが作り上げた意識なのです。

お金持ちになりたいと感じるのはなぜでしょう？　誰かと比較して自分はお金持ちではないと思っているからでしょうか？

「なりたい」という気持ちが希望で溢れているのか、それとも今の自分に不満を感じているからなのか。不満だから「お金持ちになりたい」では、お金持ちではないという意識を大きくするだけです。

幸せと感じられなくなったと思うのは、幸せではない自分を考え続けたからではないでしょうか？　幸せではない、感じられないと考え続けることをやめなかったのはあなた自身です。自分で幸せにならない方向に思考していたのです。そして、それが今も現実となっているのです。

自分の感情に意識を向けるのは本当に大切なことで、「お金持ちになりたい（お金持ちじゃない私）」「幸せじゃない、幸せと感じられない」と思っている間は、ずっと心はモヤモヤした嫌な感覚でいるのです。

お金持ちになることも幸せになることも誰かに頼るのではなく、まずはあなたの気分を良くしないと絶対に引き寄せられません。

日頃から先に思うこと、信じることから全ては始まります。良いことも悪いことも関係なくです。一日中頭いっぱいなことを引き寄せて現実にしています。

現実とは世間一般とかみんなが生きるリアルな世界ではなくて、あなたが作り上げた思い込みの世界なのです。

〝心が変われば世界は変わる〟

〝あなたが変われば世界が変わる〟

ということなのです！

ハジ→というアーティストの『あなたが変われば世界が変わる。』という曲を聞いてみてください！

先にあなたが喜ぶから喜べることが起こる。
あなたの思い込みが現実という世界を創ります。

ワクワクしてきませんか⁉
ワクワクしていないなら、先にワクワクして今を過ごしていきましょう！

制限をかけていたのは自分自身

人間は一つの世界に生きているとも言えますが、見方、考え方、感じ方の違いによって一人ひとり違う世界を生きているとも言えます。

あなたが今持っている考え方は、単にこれまでの人生で培われてきた結果にすぎません。例えば、あなたは生まれた時から身の回りの世界を見てきています。さまざまな情報や会話、経験や結果を吸収して、自分や他人や人生についてこれが真実だと信じていることに基づいて、今までもこれから先のことも解釈していきます。

今、あなたが持っているものは全て何らかの形で家族、友達、先生、仲間、周りの人、広告、有名人、SNS、メディアなどから影響を受けたものです。世代、国、文化、社会など幅広い環境が、考え方に影響を与えています。

日本ではみんな一緒の文化で「人に迷惑をかけないようにしなさい」と教えられ、素直でいい子を育てるという方針で教育され、周りに合わせる生き方が根づいています。

芸人でもあり、IT企業役員の厚切りジェイソンさんのTwitterでの言葉です。

「幼稚園→周りと合わせろ
小学校→周りと合わせろ

中学校→周りと合わせろ
高校→周りと合わせろ
大学→周りと合わせろ
会社→周りと合わせろ
パターンパターン！　見えてきたよ！

『やりたいことが分からない』と相談をよく受ける理由。
自分で考える機会が今までなかったから」

いつも周りを気にして自分を抑えて生きてきたから、自分が本当に望んでいることがわからなくなってしまう。周りの習慣、決まり、生き方が常識、普通と思い込んでしまう。周りに嫌われることを極端に恐れているので、人の顔色をうかがいながら生きている。嫌なことや仕事も頼まれたら断れない。
「ありがとうございます」よりも「すみません」の言葉が癖になっている日本人が

多いように感じます。それは人に迷惑をかけたくないという恐れが染み付いているからではないでしょうか。

「本当はこうしたい。でも親や他人に迷惑がかかるかもしれないからやめておこう」

自分の意見よりも〝周りに迷惑がかかるかどうか〟を優先してしまうため、自由に考えを伝えたり行動することが難しく、周り優先の生活を送ってしまっているのです。

人に迷惑をかけることは悪いこと、迷惑をかけないことが暗黙のルールとされる日本の価値観が、本来は自由なはずの人生に制限をかけているのです。

そんな「周り優先の人生」を送っている日本人の姿は、海外とは異質なものです。

例えばインドでは、

「あなたは他人に迷惑をかけて生きているのだから、他人のことも許してあげなさ

い」

「人に迷惑をかけてもいい、その代わり迷惑をかけられたら助けなさい」

と教育されます。

日本とは考え方が根本的に違うのです。この教育なら「迷惑をかけなければ何をしてもいい」という考え方もなくなりそうです。

失敗を恐れ、周りに合わせて制限ばかりをかける人生は楽しめるでしょうか？

制限をかけ自分の可能性の邪魔をしているきっかけは文化や教育、周りの環境かもしれません。しかし、教育や誰かのせいにしていても始まりません。

今制限をかけているのは自分で、解除すれば何でもできると気づき、信じて歩み出すことに意識を向けていきましょう！

限界に対する私が好きな名言を紹介します。

「よく、これがもう俺の限界だと弱音を吐くやつがいる。限界だ、限界だと口癖ではなかろうかと思うくらい、限界の二文字を口に出す。私に言わせれば限界なんて言葉はこの世の中にはない。限界と言うから、限界ができるのだ」

――アントニオ猪木

「私はいつも自分のできないことをしている。そうすればできるようになるからだ」

――パブロ・ピカソ

やる前から自分は大したことない、才能がないと言うのも思い込み。今までの人生で作り上げてきた自分を縛り付ける常識の枠、固定観念を取り外すのは簡単ではないと思うかもしれません。なかなか自分では気づけないかもしれません。

ですが、心の奥に眠る願望は、あなたが自分優先に物事を考えてみるだけで簡単に叶うもの……かもしれない。実は制限していたこと、限界を作っていたのは他でもないあなた自身で、簡単・難しいということも思い込み……かもしれない。

本当の自分の才能をまだまだ知らないだけなのかもしれないとワクワクしてほしいのです！　縛りを外すために少しずつでも笑い飛ばして、限界と決めつける心の壁を壊してほしいのです！

人に迷惑をかけないように、失敗しないように成功の確率が高いことにしか挑戦してこなかったかもしれません。何でも先に想像をしてしまい、自分にはできない、無理、興味ない、才能ないと、やる前からできないと感じて好奇心をつぶし、自分の価値を下げる思考や言葉で人生を制限していた……可能性を奪っていた……そうだとしても、今から変えていけば問題ないのです。

すぐには変えられないとしても、心がモヤモヤしている部分は「自分の中で何か違うと思っているんだ」と自分の本音を理解してあげることが大切です。**あなたの心がモヤモヤする制限を一つずつ壊していきましょう！**

・変えようとしてももう遅い。若くないし今さら感がある。
・頭の中で好きな仕事を探そうとしても自分には思い付かない。
・専門学校に行ってないから無理。

など、今は否定的なことばかり浮かぶかもしれませんが、そんなことを考えて抵抗しようとする自分のことも否定しないでください。脳は変わることを恐れて現状維持を好むだけなのです。

「今日からは違うよ、楽しいほうへ生まれ変われるよ。過去なんて関係なくて常に今からの人生だよ」など、あなたなりの優しい励ましを自分にしてあげてくださ い！

制限していたのは過去のあなた。でも、今日からはもう制限しないと決めた新しいステキなあなた。自らが作っていた制限を壊して素晴らしい自分をどんどん発見してあげてください‼ **どんなことも楽しめば、できる・できないは頭からなくなっていきます。**

「失敗するのは悪いこと」「失敗するのは恥ずかしいこと」という呪縛を消していきましょう。周りからは、失敗はいけないこと、恥ずかしいことと教えられるかもしれません。でも、あなただけは自分に対しても、我が子に対しても「失敗することもカッコいい！ また挑戦することができればもっとカッコいい！」と言ってあげてください！

「自分にはできると考えても、自分にはできないと考えても、どちらも正しいのです」

――ヘンリー・フォード

「無理、できない」なんて言葉や想いは、今まで無理なんだ、できないんだ……と受け入れていた自分がその状態を現実としていたことに気づき、これからは「こんなこともできる！　何でもやればできる！　もっとこうすれば、こんな工夫をすればきっとできる！」と考えましょう。結果はできていなかったとしても、挑戦できる喜び、できた感動を毎日言葉にしたり、想いを持ってみてください。

挑戦しようとする自分に対して「年をとった、もう若くない」なんて絶対に言わないでください。年齢で制限を作らないでください。老いたことを嘆いても時間は戻りません。高齢になったから体に負担をかけないようにとスポーツを止めるのか、高齢になったから体のためにとスポーツをやるのかも、自由に選択できるのです。

今生きているあなたが一番若い‼　今のあなたが一番カッコよくて美しい！　そう思うために制限を作らず楽しんで今を生きるのです‼

別に、すごいことに挑戦する必要はありません。

流行りとか周りに合わせる必要もありません。

赤ちゃんの時は、どんな些細なことでも、できたら周りが感動してくれましたよね。

大人になると、周りはできて当たり前と思い込んでいるため、できなかったら激しく責めます。できるから偉い、すごいではないのです。できないと言われてもやってみる人が偉い、すごいのです。

何度も言いますが、あれもダメこれもダメ、できない、無理と制限を設け、自由に枠を作っているのはあなた自身なのです。

そもそも縛りなんてなかった！　あなたの都合のいいように頭の中で世界を自由に創れる！

無理、できないを多く作りすぎていたけど、やってみたらできた！　それは挑戦してみないと感じられない！　**挑戦できるって幸せなこと。だからまず頭の中は自由に思いのままにする、挑戦するワクワクをあなたが作り出す**のです！

先に思考しないことには行動すらできず、現実になりません。**〝毎日考えている「自分にはできる」と思っていることが現実に比例するのです〟**。

自分は健康で歩ける、走れる、声を出して話せる、できると思っているからできる。当たり前と思っているかもしれませんが、当たり前ではないのです！

毎日無意識にやっている当たり前のことや、こんなこと誰でもできると思っていることも、病気になってできなくなる可能性は誰にでもあるのです。

どんなことも否定せずに、できる自分を褒めて制限を壊して新しいことも増やしていきましょう!!

子どもを持つ親御さんは、子どもの芽をつぶさないように、常識に縛られて子どもに制限をかけていないか、子育て中は自分のことは我慢して当たり前だと自分自身にも制限をかけていないか考えてみてください。

どんな出来事も自分の考え方、感じ方で決めていい。何でもダメダメと言って完璧にこなそうとして、実は制限しまくりの日本人。それでは幸せよりも嫌なこと、不幸なことに意識を向けている時間のほうが長くなってしまいます。嫌なことをなくそう、嫌われないようにしようと努力すると、心身共に疲れませんか？

もっと縛られずに自由や幸せ、一瞬一瞬の喜び、楽しさ、嬉しさを感じられるように生活してみましょう!!

ダメなこと、しちゃいけないという制限ではなくて、幸せと思えることを毎日考えませんか？　幸せに小さい大きいなんてない。「今日はどんな幸せを感じられたかな？」って自然と毎日ワクワクしたくないですか？

幸せも不幸も人間の概念ですから、何を幸せと思うか、不幸と思うかも、あなたの自由!!

病気になったって、障害があったって私は何だってできる!!! 生きていればこう思える! 幸せは自ら創るものです!!

ダメ出し、否定をやめて自分を認める

私たち人間は、毎日無意識に自分自身と3〜4万回も会話していると言われています。あなたがもし日頃から自分、他人、世間に対してダメ出しや否定の言葉を多く発しているなら、無意識でもダメ出し、否定の思考のほうが確実に多くなっているはずです。

私はオーダーメイドでアクセサリーを作る仕事もしているのですが、お客様にどんなアクセサリーを作りたいかを聞いた時に「私センスないから」と自ら言う人が半数以上います。謙遜しているのか、自信がなくなっているのかわかりませんが、無意識にそう言う癖がついているのかもしれません。

ですが「私センスないから」と言った後に、「本当にあなたはセンスないですよね」と、もし他人に言われたらどうでしょうか？　よほど仲の良い関係でない限り、ムッとしてしまうのではありませんか？

人に言われたら嫌なことを自ら言葉にしているのです。言われたらムッとするということは、良い言葉ではないと自分でわかっているのです。

褒められた時に「そんなことないですよ」と謙遜することが癖になっている人も、もうやめましょう。また、我が子が褒められた時に否定するのもやめましょう！　お世辞かもしれないとあなたが思う必要はありません。

せっかく褒めてくれた人の言葉を否定している、自分を否定していると自覚し、

「ありがとうございます」と言うようにしましょう！

他人から言われる言葉は捉え方次第で避けられますが、自分で言った言葉は避けることができず、脳（潜在意識）は「私はセンスない」と思い込みます。

だから本当に「センスがない」と思っていたとしても、わざわざ自分の口から言葉にしなくていいのです。センスが良くなりたいと思うなら、「センスない」なんていう言葉が頭から消えるまで、センスが良い人と一緒に過ごすなどして楽しみながら自分を磨くことです。

また、できないことを恥ずかしいことと思って、自分を激しく責めることが癖になっていませんか？

できないこと、失敗したことで自分自身を全否定していませんか？　**自分を責めることをやめるだけで人生は明るくなります！**

自分で自分に優しくしてあげずに、誰があなたに優しくしてくれるのですか？　人に肯定してもらっても、あなた自身が肯定しない限り効果はありません。

自分を責めていても、今はあなたに優しくしてくれる人がいるかもしれません。しかしその人がいなくなったらどうしますか？　あなたはもっと自分を責めるようになってしまうと思います。

どんなことが起きても自分も他人も責めない。

自分で自分を責めて、辛い状況から逃げ道をなくしているのはあなた自身です。

では、自分を責めないようにするにはどうすればいいのでしょうか？

それは自分と会話をして、なんで責めているのか聞いてあげて、肯定する癖をつけ、自分で自分を幸せにする自信を身につけていくことです。

他人に悪口を言われても気にならなくなるには、**自分という人間を肯定するしかない**のです。

日本人には、自信満々の人はどこかいやらしいと感じる傾向がありますが、自慢しなければ大丈夫です。もし陰口、悪口を言われたとしても、羨ましがっているだけだと気にしなくていいのです。そもそも**自分を肯定し、幸せにするためなのに、他人に遠慮するのはおかしい**のです。その時点であなたは周り中心である外側の世界を生きています。

自信を持てていないから自分にダメ出し、否定をして心を閉ざし、制限を作り、不幸に縛られるのです。

自信が持てない人は、無意識にダメ出し、否定をしていると意識してみてください。

ダメな自分、できない自分、情けない自分、人より劣る自分、嘆く自分。意識してみると毎日自虐しまくりでビックリするかもしれません。

そして怖いのは、その自虐の積み重ねで自分ってこんな人間（センスがないなど）だ！ って思い込んでいることです。つまり、本来の何でもできる可能性のあるあなたではなく、できない人間のほうをあなただと勘違いしているのです。積み重ねたダメ出し、否定を受け入れた自分で日々生きているからです。

自分を肯定し、何でも好きなことをしていて幸せそうな人、成功している人は物事に対して批判しません。普段から自分にダメ出し、否定をしている人がメディアや世間、他人に対してダメ出し、否定するのです。

自己否定の内容が他人と比較して価値や優劣をつけているのは、自分の内側ではなく、外側に意識が集中しているからと気づいてください。

「センスない」とか「できない」なども、周りの誰かと比較しているから感じるものです。

自分のできない部分、嫌いな部分を見つけて比較して、それを低評価して自分の価値を下げる。そして自分よりもできない人がいたら自分はまだマシだと安心する。

できる・できないなんて誰が決めることでもないのです。他人があなたを誰かと比較してくるかもしれない。ダメ出し、否定をしてくるかもしれない。それが気になるということは「まだまだ自己肯定が足りないな」と思ってください。

人の悪口は、あなたが気にしているから悪口に聞こえるのです。

言ってきた人は無視してください。まだまだ肯定が足りないと思わせてくれたと考えられるようになれば、そんな人とも自然に関わらなくなっていくのです。

ダメ出し、否定をやめるためには、比較することもやめなければなりません。そのためには自分を肯定し、好きになり、自分の世界に生きること。**まず自分が一番の自分の味方になってあげる**ことです。

ダメ出し、否定をしてきた今までの自分を責めるのではなく、ただ悪い方向に考えることは無意味だということを理解して〝**楽しく生きなきゃ損だったんだ**〟と気づいてください。

願いや望みが叶わなかったのは、無意識にしていたダメ出し、否定のほうが多かったからかもしれません。その自分をやめない限りはダメ出し、否定をしている現実を引き寄せてしまいます。

今は何も起きてないのに、自分に対してダメ出しや否定をしないでください！

自己否定は他人や物事全てを否定してしまいます。

自己否定をやめて今の自分を愛し受け入れる。逆に自己肯定すれば他人も物事も全て良く見えてきます。そこから新しい自分を作り上げていけばいいのです！

あなたが変わろうとすればすぐに変われる。

人生はあなたが主人公の世界だから。

4章のまとめ

❖ 病院、医者に任せっきりにしない

❖ 環境とか周りの人などの外側ではなく、自分の心の内側を変える

❖ 嫌なこと、不幸よりも喜びに敏感になって感じよう

❖ 切り替えの早い人ほど幸せに生きている

❖ 可能性を否定せずモヤモヤする制限を壊していこう

❖ 自分が一番の味方になってあげること

第5章

生きるとは自分との対話

マイナス思考が病気を引き起こすとしたら

私たちは目に見える傷は傷痕を残さないようにすぐに治そうとしますが、心の傷は治そうとするどころか、自ら傷口を広げて傷痕を残したままにしている人が多いように思います。

人は楽しい記憶よりも、辛い、嫌な記憶のほうを覚えていて思い出しやすいことがわかっています。あなたが嫌な出来事と解釈してその後も考えすぎてしまえば嫌な記憶として保存され、ふとした瞬間に思い出して、また心に同じダメージを受けるのです。

なぜ思い出したときに同じダメージを受けるかというと、脳は過去のこと、未来のこととして認識はできません。どんなことであろうと、脳は今のことだと認識して苦しんだり、悲しんだりするのです。

過去の辛いことも、未来が心配になる不安も、あなたは何気なく考えているかもしれませんが、自分自身の体にダメージを与えているということを知り、自分のために一緒に改善していきましょう！

また脳は、主語を理解できないので他人や世の中に対して使う言葉も、自分に言われたと思い込んでしまうのです。

あなたが「あの人嫌い」と悪い言葉を他人に対して言っていたとしても、自分が「嫌い」と言われたと脳（潜在意識）は捉えてしまうのです。

何に対してだろうと悪口、愚痴を言っている人は、自分自身の価値も下げていることになります。そしてストレスが蓄積して病気になる原因も、自ら生み出しているかもしれないのです。

反対に「○○さんありがとう」と良い言葉を他人に言うと、自分が「ありがとう」と言われたと脳は捉えてくれます。

あなたの脳を傷つけるのも喜ばすのも他人や出来事ではなく、あなたの思考、感情、言葉しかないのです。

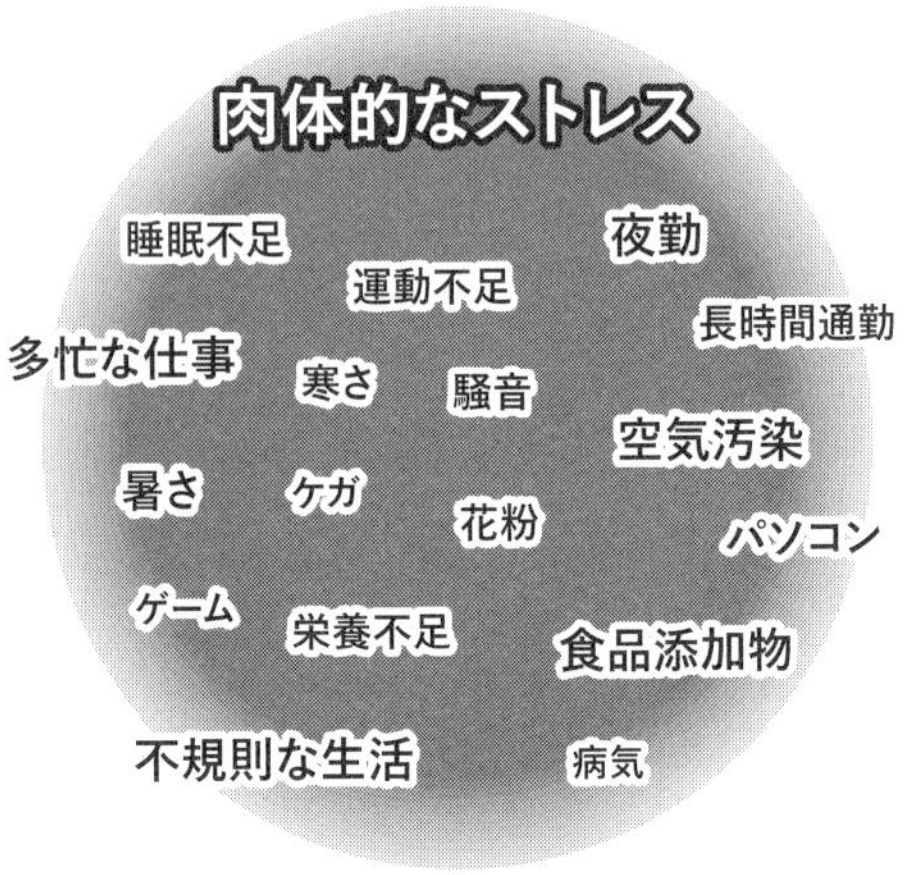
肉体的なストレス
睡眠不足
夜勤
運動不足
長時間通勤
多忙な仕事
寒さ
騒音
空気汚染
暑さ
ケガ
花粉
パソコン
ゲーム
栄養不足
食品添加物
不規則な生活
病気

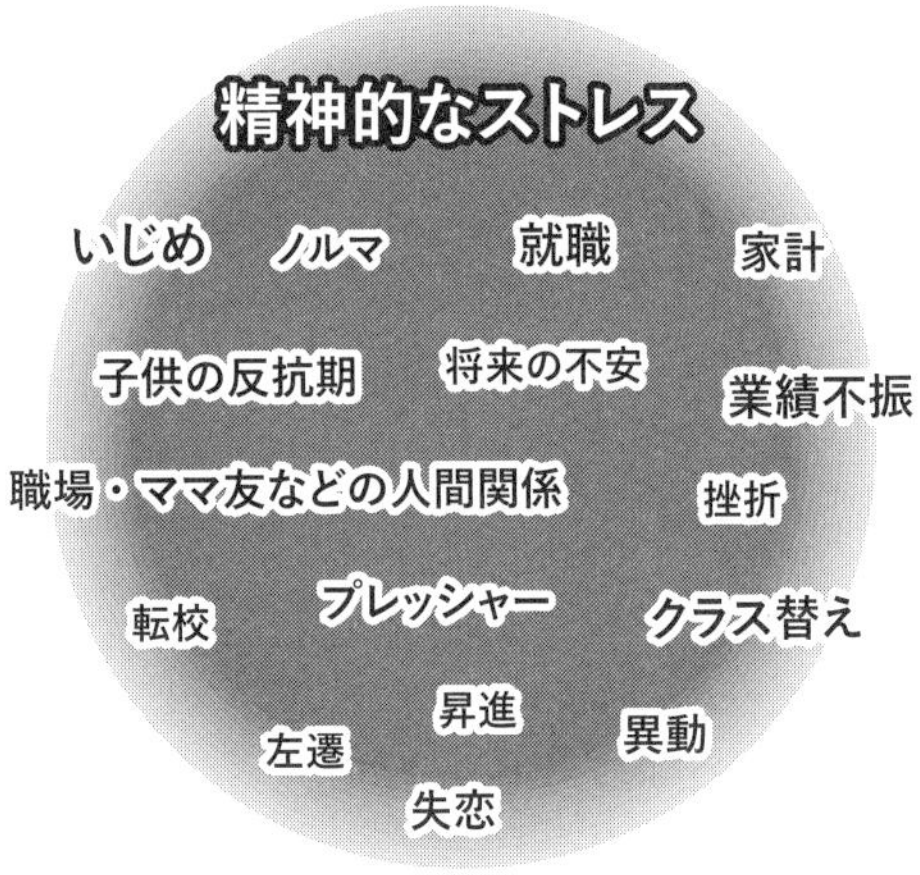
精神的なストレス
いじめ
ノルマ
就職
家計
子供の反抗期
将来の不安
業績不振
職場・ママ友などの人間関係
挫折
転校
プレッシャー
クラス替え
昇進
左遷
異動
失恋

ですが、生活をしていればストレスの原因なんていくらでもあるので、全て解決しようとするとまたそのことを考え、今の自分にダメージを与えてさらにストレスが生じてしまいます。肉体的なストレス、精神的なストレスなど毎日ストレスを感じない人はいないのです。

ストレスをなくそうと考えるのではなく、いかに早く切り替えてポジティブ思考、楽観主義、上機嫌になれるかがネガティブ思考から脱するポイントです。

ここで、否定について覚えておいてほしいことがあります。

それは**「否定は肯定となる」**ということです。

・「嫌いなことを考えるな」と言われたら嫌いなことを考えてしまう。
・「そっち危ない」と注意されたらそっちのほうに意識が向く。
・「廊下を走るな」と言われたら走りたくなる、走るイメージが浮かぶ。

など、**否定命令**と言って、伝えたいことが逆効果になることが多いのです。

数年前から、公共のトイレにある貼り紙が「キレイに使ってください、汚さないでください」などから、「いつもキレイにご使用いただきありがとうございます」に変わったところが全国的に多いのもこのためです。

毎日、テレビで良いニュースよりも悪いニュースのほうが圧倒的に多く流れるのは、悪いことのほうにより関心が向き、人の印象、記憶に残りやすいから視聴率も取れるということなのです。

否定語にはとても力があります。

その否定語を、あなたは毎日自分や他人に使っていませんか？

世間、他人に対しての否定、批判も、あなたが言葉にすれば自分を否定、批判していると脳は思ってしまうのでやめましょう。

第4章でも述べましたが、人から褒められた時に「そんなことない」と言うのは謙虚※だと勘違いしている人が多いようです。しかしこれは謙虚ではなく謙遜※になります。

謙遜することは、自分の能力や価値などを下げて評価する行為とともに、相手の感性も否定してしまうのです。

※「謙虚」とはそのまま受け取り感謝することで、「謙遜」とは相手の好意さえも跳ね返して否定している行為になりうること。

「そんなことない」「私なんて……」と謙遜することが礼儀なのではなく、相手の言葉に対して「ありがとうございます」と感謝して受け取ることが礼儀なのです。

周りの目を気にして生きているのに、相手の好意ある言葉、気持ちを「そんなことない」と言って知らず知らずに今まで否定していたかもしれません。

嫌な言葉や出来事は敏感に受け取るのに、褒め言葉は否定するなんて「幸せにならなくていい」と言っているのと同じです!!

このように、否定はマイナスな肯定になって脳は記憶していくのです。全ての否定をやめてプラスに肯定する癖をつけるメリットは、仮にあなたが病気になった時に自分を責めないようにすることにも繋がります。

病気になった時に、自分のせいにも誰のせいにもしてはいけません。自分のこれまでの生き方を否定してはいけません。過去にさかのぼって自分を責めてはいけません。**あなたは明るく治すことに専念して、「今を幸せ」と感じるため今を生きているのです。**病気を避けるためにすることは、定期的に病院に通ったり、病気の知識を増やすことではありません。

病気や健康を意識する思考ではなく、あなたの喜びを感じるために〝今〟に感謝して生きる思考にしていきます。そうすることで幸せに関わる嬉しい、楽しいという喜びもさらに感じやすくなるのです。

否定、批判をやめるために自分を認め、許し、感謝するということを毎日繰り返し、心を整えていきます。自分の存在価値、直感を大事にして理想の自分で生きるために！

出来事に意味などなく、勝手に意味づけをしているのは私たち自身です。なんで嫌だと意味をつけているのか、嫌な意味をつけているせいで自分を苦しめているのではないかと自分と会話してあげてください。

そして、気分が良くなる意味づけを自分なりにできるようになれば、あなたは周りに振り回されなくなります。マイナスなニュースを観ても、自分にとって良いことはないと気づくと思います。

今のあなたが変われば世界が変わるのです。

体調の変化は体のサイン

私はこの本を書いている途中で、耳が聞こえにくい、トンネルや飛行機でキーンとなる感覚の症状に襲われました。初めて感じた時は一日だけで正常に戻ったので気にしていなかったのですが、10日後にさらに症状が悪くなり、聞こえにくさと耳鳴りに襲われました。

「さすがに今回は病院に行かないといけないのかな」と思い始めた時は、日曜・月曜祝日というタイミング。月曜祝日の夜には左耳が聞こえなくなってしまいました。火曜日の仕事後、耳鼻科に直行し診察してもらったところ、「ここでは治療できないので、総合病院にすぐに行ってください」と紹介状を出されました。

次の日総合病院で聴力検査をすると、右耳では聞こえる音が左耳は全く聞こえないのです。医者に「突発性難聴」[※]と診断されました。

※　突発性難聴とは「文字通り即時的な難聴、または朝、目が覚めて気づくような難聴」と表現されます。先天的な要因や明らかな原因もなく、健康で耳の病気を経験したことのない人が、突然に耳が聞こえなくなることを言います。通常は片側のみ発症することが多い病気です。

耳は体の外側に近いほうから「外耳」「中耳」「内耳」に分かれます。内耳には、平衡感覚を司る三半規管や、音を感じるカタツムリの形をした蝸牛《かぎゅう》などがあります。突発性難聴は、内耳やその奥の神経に問題が起こることで発症すると考えられています。

症状は聴力の低下、めまい、吐き気、耳鳴り……。

突発性難聴は「感音性難聴」の一種です

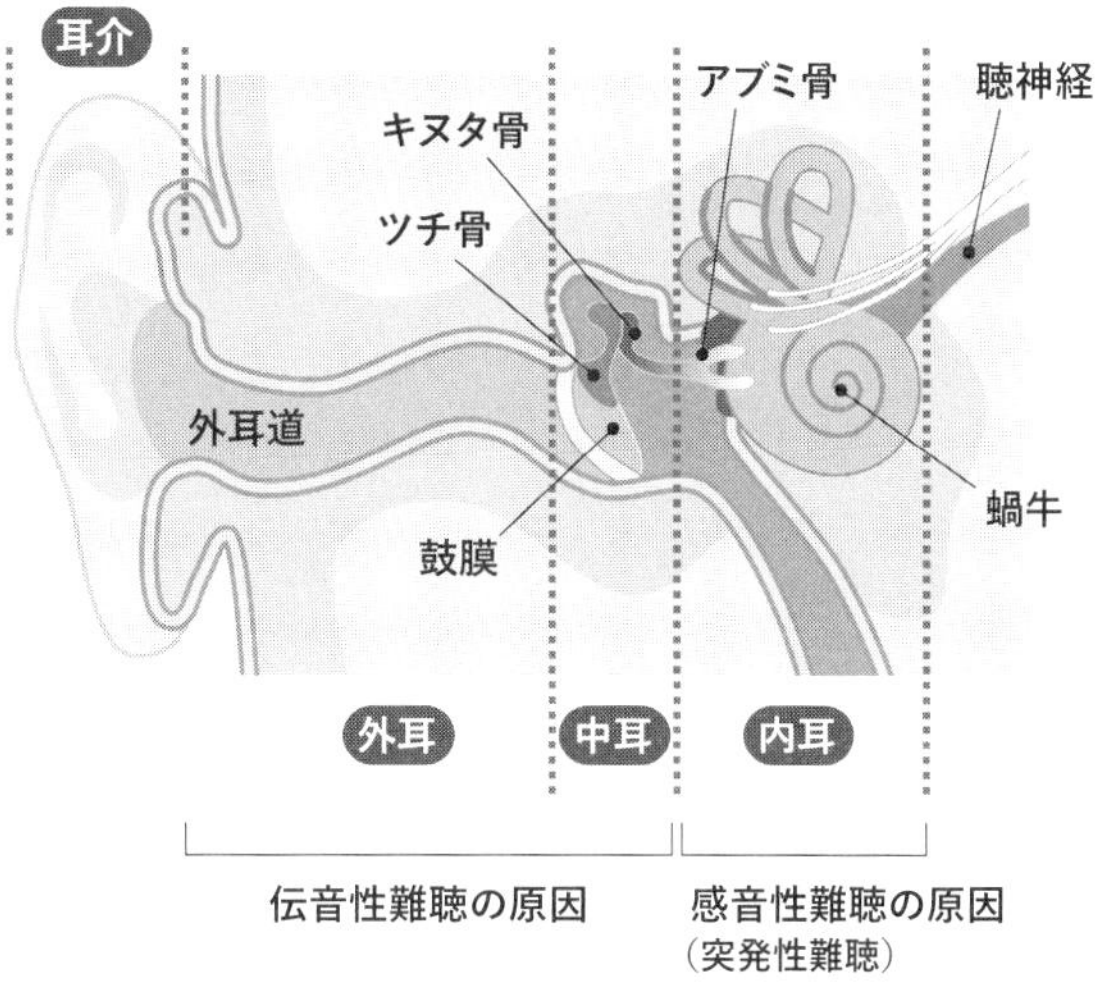

突発性難聴は何らかの原因で
内耳の血流が不安定な状態

↓

突発性難聴の治療は
内耳の血流改善が重要

私はめまい、吐き気はなく、左耳の極端な聴力の低下と耳鳴りでした。耳鳴りの音は高い音が聞こえづらい、低い音が聞こえづらい、どちらも聞こえづらいとその人の症状によって感じ方も違います。

突発性難聴の治療にもっとも大切なのは、早期発見、早期治療です。異変を感じてから48時間以内、遅くとも2週間以内に診療を受けることで完治する確率が大きく変わると言われ、約3週間経ってしまうと症状が回復しなくなると言われています。

ただし、早期に治療したからといって、全ての人が完治するわけではありません。割合としては完治する人が約30〜40%、改善はあるが元通りには聞こえない人が約30〜40%、改善が見られない、聞こえないままの人が約20〜30%います。後遺症はただ聞こえないだけではなく、常に耳鳴りがしているので、私の脳の病気の後遺症、症候性てんかんは発症しなければ症状がない分、難聴の後遺症のほうが厄介かもしれません。

突発性難聴を放っておくと、
聴力が戻らない危険性があるんです…！

芸能人の中にも突発性難聴にかかった人がいて、芸能ニュースだけを観ているとアーティストがなりやすい病気と思いそうですが、いつ誰がなってもおかしくない病気なのです。発症する人は多いのに、原因はわからない。朝、目が覚めると突然耳が聞こえなくなる人が年間3〜4万人と言われ、年々増加傾向にあるそうです。

「なんで聞こえないんだ！　この症状の原因はなんだ」と突然の体の異変にイライラしてしまう気持ちはわかります。パソコンやスマートフォンで「この症状の原因、病名」を探したくなる気持ちもわかります。ですが、病名をはっきりと医者に言われた後でその病気のことだけを調べるのと、原因も病名もわからずに自分の感じる症状だけを頼りにいろいろと検索するのとでは、精神的な負担が大きく違います。

やはり体に異変を感じたら、ネットで調べるよりも病院に行き、医者に診てもらうのが一番だと思います。そして、自分を責めずに心のケアをしっかりとすることが大切です！

「普段、耳が聞こえることが当たり前ではなく、聞こえることが幸せなんだ」と感じられたことを、この本を通して「読者のみなさんに伝えられる貴重な経験」と捉えて、8日間毎日病院に通い、点滴しながら自分を元気づけました。

突発性難聴という病気の概念が確立されてから既に半世紀も経過しているそうですが、いまだに原因はわかっていません。なのに原因はストレスだと言われ、そう報じているメディアもあります。

ストレスを感じていない人なんていません。原因なんて気にしなくていいのです。自分が何にストレスを感じているかなんて、詮索してもいいことなんてありま

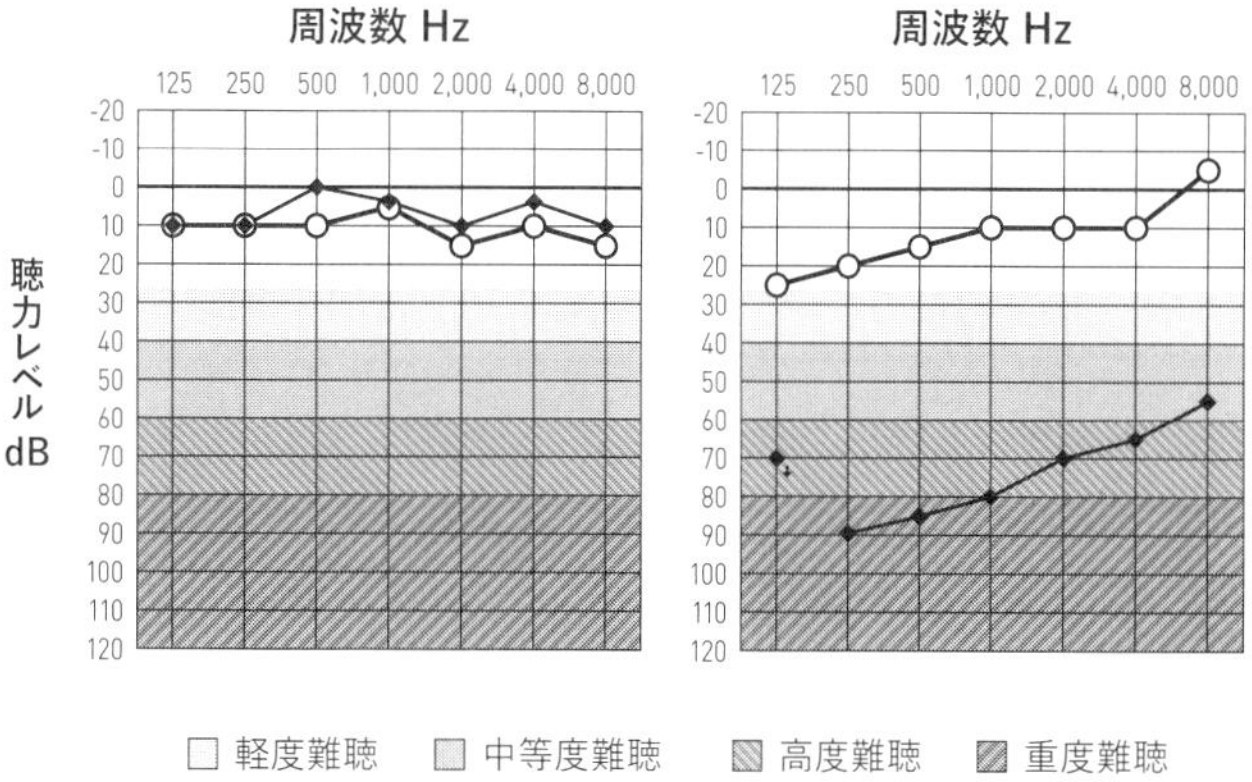

せん。それよりも楽しいこと、好きなことを探すほうに意識を向けるようにしましょう！

病気になったとしても、日頃の体に感謝を感じながら治った時の喜びを先に感じてもいいのです！

総合病院で突発性難聴と診断されてから10日後、私の左耳の近くに虫が飛んできたのが聞こえて大喜びしました！　部屋の中で虫が飛んでいる音が聞こえて嬉しいと感じられる喜び、素晴らしくないですか？（笑）

私たちはどんなことで喜べるかわからない。

だからこそ、**日頃から自分を否定せずに多くのことを喜べるような生き方をして幸せを感じてほしいのです！**

「完治するなんて世界一運がいい、耳が聞こえるって幸せ」と、また一つ大切なことを学べる経験をしました。すごく感謝です！

脳の病気で、私は10回ほど倒れています。

私自身は意識がなくなるわけですから、必ずその場に誰かがいてくれたおかげで助かってきたのです。

一人の時間も大好きな私が、必ず誰かがそばにいるときに発作が起きて倒れる。これだけ倒れても目立った後遺症がなく、今生きている私はとても運が良いのです（笑）。

でも、その当時はとても運が良いなんて思えません。逆に「他人と過ごす大切な時になんで発作が起きるんだ！」と嘆いていました。

体はあなたのために異変を教えてくれています。**体調の変化、体の異変のサインに気づけるように、日頃から責めたり、嘆いたり、他人と比較することをやめて自分**

と会話し、生きている時間を大切に使っていきましょう！

自ら不安を抱えて生きていない？

世の中の嫌な出来事や事件を知ったり、他人の不幸を聞いた時……あなたは自分ではない誰かに起きたことなのに、心がモヤモヤしていませんか？

あなたの現実には起きていないのに、今考えて自分を不安にさせているのはあなた自身。「同じことが起こるかもしれない」と勝手に想像しなくていいのです。

毎日意識すること、思い込み信じたことが現実になります。あなたは自ら不安を意識し、「自分にも起こるかもしれない」と思い、信じ始めて現実にしていくのです。

楽しい感情のワクワクすること以外は考えなくていいのに、あなたは自らの世界に不安を招き入れていることに気づいてください!!

病気に「なろう」と決心もしていないのに、「なぜ私は病気になるの？」。私の場合だと「耳が聞こえなくなってみたい」なんて一言も言っていないのに、「なんで突発性難聴になるの？」と疑問を持つと思うのですが、毎日無意識のうちに病気を引き寄せる可能性があるということです。

健康や病気のことが頭に擦り込まれるように、社会環境が病気の増加に大きな影響を与えていると知っていましたか？

病気の可能性なんていくらでもあり、何が良い悪いなんて考えてもキリがありません。際限がないのです。

でも、病気ではなく正反対の健康のことを考えているのになんで病気に関係してくるの？　と思うかもしれませんが、「健康になりたい」「健康のため」と考えているということは、「病気にならないため」と心配する意識も含まれているからです。病気になった人のことや、病気にならないため、健康になるための話を長時間している人は、意識が病気に向いているということです。

私はタバコは吸いませんし、お酒も飲み会でしか飲みませんが、突発性難聴になった頃は、添加物、カフェイン、砂糖など体に良くないものについて考えすぎていたと思います。

考えるから病気になるわけではありません。しかし、病気になる前から意識しすぎるのも体に良くありません。

どれくらいの確率で病気になるとか、病気にならないためにどうしたらよいかということに関心を持つよりも、病気を意識からなくし、今をただ楽しみながら望む未来に関心を集中したほうがいいのです。

あなたの現実は、あなたの意識とあなたが放つ感情エネルギーで出来上がります！

脳は良い・悪いなんてわからないから、あなたが考え、信じることが現実になっていく。嫌な現実にしたくないなら、しっかりといい気分になることを常に考え、行動して、大げさに豊かな感情表現をして思い込ませる必要があるのです。

人生は意識する方向に進みます。

あなたが意識しないことは、あなたの世界には存在しないのです！

意識を変えることは、あなたの本気を出せばすぐにできます！　自分にはできないと価値を下げることも、自分を傷つけてしまうあなたの思い込みです。

現実はあなたが創っているって気づいてください!!

あなたが「こういう世界（世の中）だ」と勝手に思い込んでいるから、それが現実として見えるだけなのです!!

あの人は嫌な人ってあなたが思ったから嫌な人に見える。

あの人はステキな人ってあなたが思ったからステキな人に見える。

あなたの自由な思い込み、意識で世界は何色にも見える！ 一瞬の感情で暗くすることも輝かせることもできる。これがあなたの創っている世界のしくみなのです！

一瞬で体調さえも変化する言葉

言葉の影響力とはとても大きいものです。

自分では元気でどこも悪くないと思っているのに、会う人会う人から「あなた大丈夫？」「顔色悪いよ？」「疲れてるの？」「元気ないね」などと声をかけられると、本当に体調が悪いような気がしてきませんか？

たった2～3人が何気なく言った言葉なのに、あなたはそれが正しいと認識してしまい、現実にしてしまうのです。

悪い言葉には視野を狭くしてしまう力があるので、日頃から自己否定している人は他人の良い言葉よりも悪い言葉に惑わされてしまいやすいのです。

無意識に、毎日「だるい、疲れた、仕事嫌だ」などと口から漏れている人は要注意です。

第3章でも述べましたが、病気の人や体調の悪そうな人は可哀想な人ではありません。わざわざマイナスな部分を共感しようとせずに、元気を与える会話を日頃から心がけましょう！

「同情の言葉は禁物。力づける励ましの言葉を」患者さんと病院側はしてほしい。

ある医者は、患者さんに「体調はどうですか？」と聞くと、心配なところ、不安なところを言ってくることが多いので、「体調良さそうですね！」と声をかけてあげるように意識しているそうです。

すると顔色も良くなり元気になっていく患者さんもいるので、改めて医者の言葉の大切さと責任の重みを実感しているそうです！　素晴らしいですよね!!

最近は心身に異常を感じた場合には、その症状をすぐにネット検索して調べることができます。これは恐怖と不安が増幅されるケースがほとんどで、調べれば調べるほど、最悪の結果が導き出されることになります。

病院で診察してもらえば一般的に風邪と言われる症状でも、恐ろしい言葉や病名が出てくるので、何でもかんでもネット検索することはオススメしません。

ただ、私がなった突発性難聴のように早期治療しないと治りが遅くなる症状もありますので、**異変が起きた場合には原因ではなく、病院の受付時間などだけをネット検索して調べて病院に直行しましょう！**

そして病名を言われても、そのことについて頭をいっぱいにするのではなく、治った自分が喜んでいる姿を想像しましょう！　そのためには自分を責める言葉は禁物です。医者の言ったこと、薬、ネットに書いてあること、本で学んだことよりも大切なのは、自分自身の体が発する声を聞くことです。

健康状態がすぐさま数値化される時代ですので、検査での数値が問題なければ大丈夫と思い込みやすいのですが、自分の体調は自分にしかわからない時もあります。

「これ以上無理をしたら体調を崩してしまう」、体はそれを教えてくれます。自分にしかわからない小さな体の変化。それに目を向ける習慣をつけることが大事なのです。

あなたは仕事終わりや寝る前などに、自分の体に対して「お疲れ様」「ありがとう」と言っていますか？　寝る前に聞いたり考えたりする言葉は、潜在意識（脳）

に残りやすいと言われています。「今日も疲れた、大変だった」ではなく、必ず自分を褒める言葉、幸せになる言葉、励ます言葉を言ってあげてください。**あなたがいつも何気なく思っていること、使う言葉があなたの現実を創ります。あなたの体調にも影響します。**

たとえ本心ではあまり思っていないこと、他人に対して言っている言葉でも、実際に言葉にしていると自分の現実になるのです。

何かあなたにとって好ましくない現実が目の前にあるのならば、一度あなたが日常的に思っていること、口に出している言葉を見直してみてください。

他人の言葉ももちろん影響力はありますが、耳を傾けなければ大丈夫！　聞こえても捉え方は自分で決められるから大丈夫！　しかし、自分自身の言葉は必ず聞こえて心に伝わっています！

良い言葉、肯定的な言葉しか使わない、思わないことを癖にしましょう！

幸せになりたい、幸せにしてほしいという人は多いのですが、それにはまずは否定的な言葉を使うのをやめること、他人の言葉に左右されないこと。他人や出来事に求めるのではなく、自分から幸せとはっきり言い続けることです！

体に悪い物ばかり食べていればお腹の調子が悪くなるのと同じで、言葉も「辛い」「嫌い」など不平不満、愚痴、悪口などの言葉を頻繁に使えば、心の調子も悪くなります。

「嬉しい」「楽しい」「大好き」「幸せ」「ありがとう」と気分が良くなる言葉を言い続けることで、そのような現実に見えたり、感じたりしてその方向に進んでいきます！

あなたが人生を楽しく生きたいなら「楽しい、嬉しい、幸せが満ち足りている」という言葉を何度も何度も使うだけです!!

言葉の力をプラスの方向で試してみてください！ 現状がどうかなんて考える必要はありません。できる・できないの理由はいりません！

ただ今を楽しむために言い続けるのです！

言葉にすると、脳はなんでその言葉を口にしたのか理屈などを見つけるために検索を始めます。

あなたの使う言葉は、あなたの脳のネット検索と同じだと考えましょう。

「幸せ」と言葉にすると脳は検索し、あなたがなんで「幸せ」と言ったのか考えます。

「不幸」と言葉にすると脳は検索し、あなたがなんで「不幸」と言ったのか考えます。

毎日使う言葉を脳が検索し、引き寄せているとしたら？　あなたは今からどんな言葉を使いますか？


自分の言葉は一番の特効薬。


良い意味でも悪い意味でも効果の高い薬です。

あなたを笑顔に、元気にする言葉だけを意識して使いましょう！

悪い思い込みは重いゴミ

あなたが自分の中で「普通、当たり前」と思っていることは、全部あなたの思い込みです。

あなたが当たり前に思っていることは、あなたの世界では当たり前であっても他人にとって当たり前とは限らないのです。

ですから、正しいとか、常識とか、普通とか、当たり前とか、そんな世界ばかりを生きるのではなく、あなたが「これがいいな、こんな世界がいいな」ということを自由に選んでいいのです。


この人生。どんな世界で生きたいのか？

どんな風に、何をして楽しみたいのか？


過去や未来ばかり思い込むのではなく、あなたが先に決めて今を全力で楽しみましょう。

思い込みの使い方は、好きな世界を先に「決める」こと。信じる・信じないじゃなくて、**喜びの笑顔であなたを楽しませるために先に決めるのです！**

これは※カラーバス効果を用いた生き方です。

※　カラーバス効果とは、ある一つのことを意識することで、それに関する情報が無意識に自分の手元にたくさん集まるようになる現象のことです。カラーバスは「ｃｏｌｏｒ（色）」を「ｂａｔｈ（浴びる）」、つまり色の認知に由来しますが、色に限らず、言葉やイメージ、モノなど、意識するあらゆる事象に対して起きます。

人間の脳は見たもの全てを認識しているわけではありません。特定の事象を意識することで、五感で得られた情報からその特定事象のみを積極的に認識するという性質を持ちます。

あなたは、いつも自分の目の前の事実をありのままに正確に見ていると思っています。そして事実は世界に一つしかないと思い込んでいます。

私たちは自分でも気がつかないうちに、「自分が興味や関心を持ったもの」だけに焦点を当てて〝見た〟ものだけを〝認識〟しています。

あなたが〝見て〟いても〝認識〟していなければ、あなたの脳の中には情報として入ってきません。ですから、友達と一緒に同じ街を歩いたとしても焦点を当てて見た景色は同じようで違うのです。

あなたの「認識」があなたのものの見方を決めています。そして「認識」は、生まれてからこれまでのあなたの経験によって、あなた自身の中に少しずつ作り上げられたあなたの世界観で「正しい、常識、普通、当たり前」という自由を縛る鎖ができています。

「周りの人は私のことを◯◯な人間だと見ているのではないか」というのも、勝手な思い込みです。

また、あなたには嫌な人だと見えている人もあなたの見え方で、あなたが知らないところでは困っている人を自然と助けたり、家族を大事にしている優しい人かもしれない。あなたが見ているのは全体の一面でしかないかもしれないのです。

賢者は言います。

「私たちは世の中をあるがままに見ているのではなく、自分が見たいように見ているのだ。そしてその思い込みの囚われから解放されたとき、私たちは真の自由を手にすることができるのだ」

現実という世界は、あなたが意識している世界を見ているだけなのです。あなたが今の現実を辛いと思い、自分を否定しているとしたらそれはカラーバス効果による現象かもしれません。

例えば、あなたは自分のことが嫌いで、毎日自分を責めていたり、大嫌いな人がいて毎日嫌いと考え、イライラしているとします。

嫌いといつからか決めて考えるようになったのはあなた。あなたの脳が嫌いと思うことを決断したのです。

そうすると次々と自分が嫌になること、嫌いな人をさらに嫌いだと心底思う証拠、出来事が集まってくるのです。カラーバス効果は意識していることがどんどんあなたの元に集まる現象だからです。

嫌いなものは意識すればするほど存在感が増していき、その思い込みから抜け出せなくなるのです。**脳は意識してしまうと勝手に認識・行動にも影響を与えてしまいます。**

悪い思い込みは現実とは異なる妄想の世界へと誘《いざな》い、不安と苦しみをもたらします。そして悪い思い込みは重いゴミの塊となり、自由を奪っていきます。

この重いゴミとなった、本来は不要な思い込みが真実ではないということは、自分で見つけて考え方を変えなければ消えません。

自分は病気にかかっている、またはかかりつつあると思い込む「心気症（病気不安症）」という精神障害があります。少しでも体調が悪くなるとネットで検索しまくり、自分は重病であるという確証を得ようとし、医者の「異常なし」という診察は信じずに、悪い思い込みの積み重ねによって嘔吐や腹痛などを起こし始める人もいるのです。

一方、思い込みは悪いことばかりではありません。「自分を好きになる。好きになる出来事が起こる」など、これを当たり前な思い込みにすると好きというように判断するのです。

すると脳は自分を好きになっていくような意識で焦点を合わせるので、好きだと思い込ませてくれる世界に見え始めていきます。

人間は悪い思い込みのほうを無意識にしてしまうので、癖になるまで意識して自分を好きだと思い込みます！　自分が大好きになれる世界として見続けます！

自分を好きになったら自分のために生きることを優先するので、嫌いな人を嫌いと思う時間を作らなくなります。

このように考えていく癖をつけると、あなたと周りの人との人間関係が変わってきます。他人とあなたの意見が合わなくても、「この人と私は見えているものが違う」と理解して話の仕方、説明の仕方、相手の話の聞き方を学ぶことができます。

あなたが決めたから、証拠が集まる。疑わずに続けるから嬉しい思い込みを確定させる証拠が集まる。決めてない時は「そんなことありえない」と信じられない、何の証拠も見つからないのは当たり前なんです。

やり始めた人だけが証拠を目に映す！　幸せのカラーバス効果が本領発揮するのです！

できない自分を責めたり、否定したり、ダメ出しをして、過去の思い込みで「自分が悪いからできないんだ」という人は残念ながら多くいます。過去の嫌なことを考えて今も自分を苦しめている人は、賞味期限の切れた食べ物をわざわざゴミ箱から漁って食べて、お腹が痛いと苦しんでいるのと同じです（笑）。

自分は「嫌われている、価値がない」と自分に言ったら、本当にそう思える証拠、出来事が集まってしまいます。

良いことしか思い出さなくていいのに、嫌なことばかり思い出し、今の大切なあなたも否定する。すると、嫌な気分になっている間は幸せや望みを遠ざけてるどころか、さらに嫌なことを引き寄せてしまいます。悩みや問題というのは、考えている間は増え続けます。だからこそ意識して幸せな世界を見るのです！

過去の自分ができなかったから今の自分にもできないと決めるのも、あなたの自由な自分を制限するもったいない思い込みです。

過去はもう存在しない。逆走せずに機嫌良く生きてください！

悩みは過去の自分から。
不安は未来から。

今ここには、無限の可能性と幸せがあります！

世間的には辛い状況のときでも、あなたが「私はすごい！　幸せ！」と言えたら本当に幸せが集まってきます！

良いも悪いもあなたの思い込みが今を創ります！　あなたが世界を創るのです！

笑顔になるイイトコメガネ

日本人は完璧主義すぎるので「自己肯定していい気分で過ごしましょう」と言われても、今の自分には毎日いい気分になれるような嬉しいこと、幸せなことが起きるわけがない、嫌なことは毎日あるから常にいい気分でいるなんて無理だと言います。幸せは偶然起きるもので、マイナスなことは常にあると自ら決めつけ、受け入れているのです。

幸せになりたいと言いながら、なぜ嫌なことばかりに意識が向いてしまうのでしょう？

いい気分、幸せになるには嫌なことが一切なくならなければいけない、またはいい気分になっても、少しでも嫌なことがあると嫌な気分になってしまう。いい気分とは嫌なことが全くない幸せな状態だというのは、つまり完璧ないい気分を求めすぎています。完璧を求めるあまり、気にしなければいいようなことにも意識が向いて嫌なことと捉えてしまう。

それはやはり自己否定、他人との比較を毎日無意識にしているから。人の悪いところ、欠点、嫌な部分を探し、安心したり、イライラしたりを繰り返しているのです。

人間観察が趣味と言う人がいますが、他人を観察するのではなく、普段から自分はどんなものを見たり聞いたりしたら気分が良くなるのか、良いものに遭遇したらどんな笑顔になるのかなど、自分を観察したほうが何百倍もステキな時間になります。

どんな些細なことでもいい気分だって喜んでいい、そしていい気分になれた自分を褒めてまたいい気分になればいい！　その繰り返しが幸せを創っていくのです！

幸せとはこういうことだという枠を作らないのがポイントです！　喜びの感情に制限をかけないでください！　世間一般のいい気分になることが、あなたにとってい い気分になれることと決めつけないことです！

嫌な気分になるアンテナではなく、**いい気分になるアンテナを常に立てて生きてください！**

嫌な気分になること自体は悪いことではなく、時には仕方のないこと。重要なのは嫌な気分になっても何も責めないこと、内容に入り込まないこと。嫌な気分よりもいい気分の自分のほうがステキだと実感して、切り替えるスピードを速めていきましょう！

嫌な気分になった時に、いい気分になれる引き出しを増やしておくことで、気分の切り替えが速くなっていきます。

毎日ステキなものだけを見たい！　そのためにオススメのメガネを紹介します！

「イイトコメガネはみんなの心の中にあるよ」

ＡＣジャパンのイイトコメガネというＣＭをご存じですか？

小学生がイイトコメガネというメガネをかけて、学校のクラスメイトの良いところを見つけて褒めていくという内容のＣＭです。

大人になると、人の悪いところばかりが目につきがち。でも良いところを見ようとちょっと意識するだけで、見逃していた良いところはたくさんある。子どもたちには小さい時から人の良いところを見るようになってほしい！　そんな思いから生まれた企画だそうです。

このＣＭは子どもたちの出演で可愛らしいのですが、本当にこれを観てイイトコメガネの大切さに気づいてほしいのは大人たちだと私は思いました。

良いところを見ようと意識すれば他人の良いところが見つかるだけでなく、あなたも良い気分になること、そのためには〝自分で自分を否定していると良いところが見えにくくなってしまう〟と気づいてください。

イイトコメガネをかけることで、自分の理想を他人に求める完璧主義や、自分勝手な完璧１００点から評価し減点していく減点主義をやめましょう。自分も含めて他人やその瞬間の良いところを見つけて、０から加点していくように変えましょう！　減点はなしです！

人生は常に今幸せと感じること!!　悪いところを見つけて減点しても笑顔になれないし、あなたのためになることは一つもありません！

あなたは毎日いい気分でいたい、幸せになりたいと望んでいるはずです。しかし良い・悪いに意識を向けすぎて何が自分にとって良いことなのかわからなくなり、周りの人と見比べて生活してしまっています。

幸せも不幸もあなた自身がどこに思考を向けて感情を選択するかだけなのです。あなたの意識（思考、感情）によって創り上げられた今が現実化していきます。

周りの状況があなたの人生を創っているのではなく、あなたの意識が人生を創っていると気づけるようなイイトコメガネをかけられるように、自分をまず肯定していきましょう。

良いことに目を向け、喜びを感じるのは素晴らしいことです。悪いことよりも良い部分だけを見つけるほうが難しいと思いますが、良い部分を探すあなたの姿は輝いていきます！

今があなたにとってかけがえのない瞬間なのです。世の中はこうだ！　あの人はこうだ！　というあなたを縛り付ける思い込みメガネを外して、イイトコメガネをかけましょう!!　他人や世間を良い目で観察する能力が、あなたを幸せないい気分にしてくれるのです。

そしてあなたが笑顔で褒めてくれる言葉に、目の前の人も「つられ笑顔」になり、イイトコメガネをかけてくれて褒め返してくれるかもしれない。あなたも褒められたら必ず感謝の言葉で返したり、相手を肯定する言葉を使う癖をつけてくださいね！

笑顔いっぱいの毎日を生きましょう！

5章のまとめ

❖謙遜は礼儀ではない

❖心のモヤモヤは感情の変化を求める合図

❖日常で使う言葉が体調にも影響し、現実を創る

❖自分の言葉は一番の特効薬

❖幸せの枠を作らずイイトコメガネをかけよう

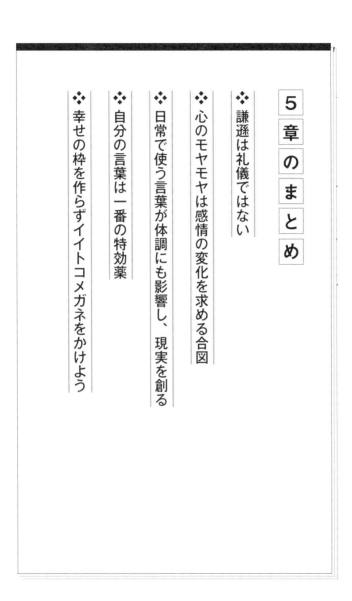

第6章

人生を創造する力

出来事自体に意味はない

先にも述べたように、起こる出来事自体に意味なんてありません。

その起きた出来事に意味をつけているのは、私たち人間です。あなたを幸せにすると決まって起きる出来事なんてありません。**幸せという意味をあなたがつけるからで、そう思い込む脳や心があるだけです。**

病気という言葉を聞いても、人それぞれ感じ方は違うのです。良い経験と捉える私のような人もいれば、不安になる人、嫌な記憶として思い出す人など、感じ方、考え方はさまざまです。

私が突発性難聴になった時も、原因はわかっていないと言っているのに「ストレスらしいよ」と周りの人間は言ってきました。

ですが、私はなぜこのタイミングでなったのかという意味やストレスの原因とか全く考えませんでした。治ることだけを信じ「この経験を活かそう、きっと役に立つ」と意味づけたのです。

病気に限らず、毎日起こる一つひとつの出来事をどう感じて意味づけて生きるかで人生は大きく変わっていきます。

「人々はよく人生を変化させてしまった出来事を恨む。でも人生を変えるのは出来事ではなく、私たちが持たせた意味なのだ」

――アンソニー・ロビンス

起きた出来事の意味は、あなたが好きなように決められるということです。

あなたの与えるものがあなたの受け取るもの。
あなたの決めた意味があなたの感じるもの。

現実は、常にあなたが意味づけたことで出来上がっていくのです。こういう人が成功者だとか、親に言われた人生が正しいとか、あなたを縛り付けるものはあるかもしれませんが、今からでも遅くはありません!! 好きなように設定を変えましょう!!

あなたが決めて信じたその意味が、出来事の答えになります。人生の設定はあなたがしています。

あなたは、毎日何気なく出来事を無意識に決めて生きているから、そう思い込んで生きているから、その通りの現実に見えているだけ。今からあなたが生きたいと思う意味づけを信じて続けたら、その通りの現実になっていくのです。

あなたは幸せな状況のことだけを考えて喜んで笑顔になればいい! 「もう遅い」とか「手遅れ」とか「今の状況では無理」とか苦しみに慣れないでください!

どんなものにもあなたが意味をつけることでそう見えてくる、そう感じるようになる。そう決めた瞬間から、そう意味のついた出来事としてあなたの世界に加わるのです。

今までは嫌な出来事として意味づけていたことだとしても、あなたが意味づけを変えて新しいほうを信じることができれば一瞬で変わってしまう世界観。

「人間が自分で意味を与えないかぎり、人生には意味がない」

――エーリッヒ・フロム

何か出来事があっても何も考えなければ、その出来事に意味はつきません。どんな出来事にも自分をいい気分に変える意味をつけてみる、小さなことでも幸せに感じてみることです！　それが習慣になったら人生は必ず明るく変わってきます！

生まれた意味、人生の意味に決まったものはなく、あなたの好きな生き方でオリジナルの意味づけをすることに自由の楽しさがあると思います！

こんな人生が成功、こんな人生は失敗なんてありません。だから何かが起きるたびに一喜一憂しなくていいのです！

全ての価値は自分でつけていく

出来事の意味づけと同じように、あなたの人生はあなただけの世界観で作り上げられたものなので、全ての価値もあなたが無意識に決めてきています。これからは少し意識して、一つひとつの出来事を自分にとって有意義な価値あるものに変えていきましょう。

世の中に値段がついている物は多いのですが、物の価値はあなたが決めています。物の価値の感じ方がそれぞれ違うので、人によって自己投資するものも違います。私は本に投資しますが、1冊500円ほどで買えるような漫画や文庫本でも、本を読まない人にとっては高いと感じるのです。

どんなに価値がある物でも、あなたに興味がなければ価値は感じません。高級車やブランド品など興味がないのに羨ましいと思うのは、それを手にしている他人の姿を持っていない自分と比較することで生まれる劣等感によるものです。

人の価値も周りの人間やその場のルールや環境で勝手に決められることのほうが多いと思います。自分の価値を他人や会社などに決められていることに違和感を覚えたことはありませんか？


自分にどんな価値があるか決めるのは他人ではなくあなたです。あなたがどう捉えるかで価値は決まります。


やってみてできなかったという結果が価値を決めるのではなく、やってみてできなかったとしても、挑戦して自分は楽しめたと思えれば価値はあります！

今の自分にプラスになれば、どんな些細なことでも価値あるものになります。

第3章でも述べましたが、日本は先進国の中で、自分のことを「価値ある人間」と思っている人の割合がもっとも低く、「自分はダメな人間」と思っている割合が非常に高いというデータは、周りの人と比べて自分を過小評価してしまう思考からの結果だと思います。

自分のことを価値があるなんて「自分で言う人はおかしい」「謙虚じゃない」。多くの日本人は自分よりも他人にどう思われるかという意識に囚われているようです。

価値のある人とは、経済面で成功して豊かな生活をしている人、人々を幸せにするセンスや能力を思っている人、社会的な地位、名誉がある実績のある人など、どうしても他人からの評価を中心に意識してしまいがちですが、これでは人の役に立たなければ価値がないという考え方になってしまいます。

成功している人は価値が高くて、成功していない人は価値が低いと考えていませんか？　人の役に立っていないと価値が低いと思っていませんか？

真面目、完璧主義な人ほど「自分を許せない」「自分は大したことない」と過小評価する傾向にあるようです。

何かを始めようとしたときに、頭の中でいろいろ考えてしまい、結局始めることなく諦めたという経験はありませんか？

失敗すると……他人に笑われる。そんな自分が恥ずかしい、カッコ悪い、ダサい、他人にそんな姿を見られたくない、と自分のことよりも他人の目線を気にして生きていると好奇心を失っていきます。

「恥をかくことは悪いことじゃないよ。悪いのは、恥を恐れて好奇心をなくしてしまうことさ」

――漫画『MAJOR 2nd』より

失敗は恥ではありません。何か得るものがひとつでもあれば成功です。新しい自分と出会い楽しむために、興味があることは何でも考え込まずにやってみましょう！

「成功者になろうとするのではなく、むしろ価値のある人間になろうとしなさい」

――アルベルト・アインシュタイン

あなたは自分の価値を過小評価して、「できない」って思うことを疑うのではなく、「できる」という可能性を疑うようになっていませんか?

すごい人にならなきゃ……。できないことをなくさないと……。迷惑かけないようにしなきゃ……。

こんなふうに自らプレッシャーをかける思考は、比べる対象になる他人ばかりに意識を向けているからです。比べ始めたら価値どころか存在も否定してしまう恐れがあります。

周りを気にして自分の価値を決めていたら、何もできなくなります。

意識がマイナスだと、どんな状況の時もマイナスの思考が中心になってしまいます。

意識を自分の内なる可能性ではなく、外側の人や嫌な出来事ばかりに向けている間は、あなたの望む人生の創造はできません。

人はそれぞれ自分の思い込みの世界があるから価値を勝手に決めたり、勝手に否定したりしているだけと理解できたら、他人に惑わされなくなっていきます。

あなたの人生なのだから、全ての価値を自分でつけられるという意識を常に持ちましょう！

やらなきゃと考えるよりも、できているということに感謝して楽しみましょう！

「私にはやりたいことがない……」と価値を下げるか、だからこそ「今から何でもできる」と価値を上げるかはあなたが決められます！

人から認めてもらうことに価値があると勘違いしている人が多いのですが、自分で自分を認めて初めて価値が生まれます。

人の価値に優劣の差はありません。

生きている人全てに価値があります。

まずは「自分はこんな人間だ」「価値がない人間だ」という思い込みを捨てましょう。それから価値を引き出し、高めるために知らない自分と出会ってみてほしいのです！

やったことのないことをやってみる。着たことのないような服を着てみる。昔から嫌いだと決めつけていたことを今の自分ならどうか試してみる。

何でもいいので日常と違う自分と出会う時間を増やしてみましょう。

外側の声ではなく、自分の「内側の声」を聞いて直感を優先し、行動すれば幸せを引き寄せます！

歩ける価値
話せる価値
目が見える価値
耳が聞こえる価値
本が読める価値
人と繋がる価値
若いという価値

何十年も生きてこられたという価値
今日も生きているという価値

あなたの価値はあなたを幸せにできるという最高の価値です！

あなたが自分も他人もありのまま認められるようになり、毎日目にするものの価値を褒めてあげる習慣が定着すれば、たくさんの幸せな世界が現実になります。

みんな幸せを先延ばしにしている

受験が終わったら遊ぼう。合格したら喜ぼう。就職先の内定もらうまで我慢しよう……。

などと、何かと理由をつけて喜ぶこと、幸せを感じることを先延ばしにしていませんか？

そもそも幸せになるには条件が必要なのでしょうか？　あなたが勝手に、条件をクリアしないと幸せになれないと思い込んでいませんか？

「現実は甘くない」「現実は違う」と否定して、今の自分を幸せにしようとしない。「いつか幸せになる」と幸せの目線を未来に先延ばしにしている。

今生きているのに、なんで未来に幸せの条件をつけるのでしょう？　なんで今ではなく未来に幸せを望むのでしょう？

今は特に何も起きていないから喜ぶ理由がないと、喜べない理由のほうを考えてしまうのが人間の性質なのです。

幸せを感じる瞬間はどこにでもあることを忘れないでください！　制限をたくさんつけて幸せを感じる心を狭くしないでください！　常に幸せはあなたが感じようとすれば溢れてきます！　何でも大げさに喜んでみましょう！

あなたは今生きています。未来の自分じゃなくて今の自分を幸せにしてあげてくだ

さい！　今思い浮かぶ幸せを、今すぐしてあげてください！

「明日の幸せのために、未来の幸せのために、今日は苦労があっても我慢しよう」と考えて生きていると、その次の日も「明日の幸せのために、今日も苦労しよう」と同じように考えてしまいます。

ですが……今の考えが全てに繋がるので、明確な目的がある明日でない限り、幸せな明日なんていつまで経っても来ないのです。逆に言えば、今日が幸せなら明日も幸せなのです!!

あなたが今幸せって決めれば、どんな状況下でも幸せと感じられるように動き出すのです！　未来を幸せにしたいなら、今を幸せとまず感じる必要があります！

今やりたいこと、欲しいものはあるけれど、お金がかかるからできない。そのお金は何が起こるかわからない未来のために残しておかなければならない。未来で困るのが怖いから今は我慢して働こう。

あなたは今を生きていて、今やりたいこと、欲しいという感情があるのに、今幸せを感じることができるのに、見えない不安な未来のために我慢するほうを優先し

ていませんか？　見えない未来のために今の自分を犠牲にしていませんか？

嫌なことでも今は我慢しようとすることは、自らその嫌なことを受け入れているということです。これからもその嫌なことと共に生きていくと自分に伝えていることになるのです。本当に嫌なら我慢をしてはいけません。

今日で我慢と辛抱という病のような考え方から脱出しましょう!!

少しずつでいいので「今の自分を

幸せにしてあげよう」と意識してみてください。

「後先考えずに今だけを生きろ」ということではありません。過去や未来のことを考えても「今ここ」でしか私たちは生きることができません。楽しみを先延ばしにしていたら、未来でも楽しみを先延ばしにしている自分がいるかもしれないのです。

今、幸せと笑顔で生きる自分、今、好きなことをやってみる自分が、あなたが今まで先延ばしにしていた望むことに繋がる扉を開けるかもしれないのです。


朝起きられる幸せ。夜眠れる幸せ。ご飯がおいしく食べられる幸せ……。


幸せはあなたが創っていくのです。

未来の何月何日にいきなり幸せになれるなんてありえません。いつだって、あなたが幸せと自ら感じた瞬間から始まります。

Twitterで「いいね」が22万という驚異的な数字になった、深すぎる言葉を紹介します。

昔、旅行中たまたま横に座った老夫婦と話していて…
「学生の時はお金が無くて、やりたい事は社会人なったらやろうと思った。
社会人になったらお金はあったけど時間が無くて定年後にやろうと思った。
そして今は時間はあるけど身体が動かない。
君は全部今やれ」

この言葉に出合えたことに感謝し、先延ばしは今ここでストップです！

あなたが生きているのは〝**今この瞬間**〟だけです。今のことを考えないから過去から悩みが、未来から不安が襲ってくるのです。

〝**今ここ、今の一瞬一瞬**〟に集中して、あなたも、今やれることを全部やりましょう!!

「難しい」は幸せの邪魔者

あなたが、難しいと設定された原因は、過去の失敗や他人との比較、親や他人からの教育の影響などさまざまだと思います。

今のあなたも過去のあなたと同じように難しいと思い込むことは、今のあなたにも同じ苦しみを与えて幸せになることを自ら邪魔するということなのです。

誰しも嫌なことがあると、自分だけが不幸の渦にのみ込まれているような感覚に陥り、「なんで自分だけこんな目に」「なんて不幸なんだ」と思うことがあるでしょう。

そんな過去の辛い悩みを解決するまで、人生はうまくいかないと思い込んでいる人が多いかもしれません。

それを解決したい気持ちはわかります。ですが**解決方法を考えるよりも先に、不幸、難しいという思い込みに囚われているところから脱出することが大切**です。

出来事には必ずいくつもの捉え方があります。

あなたが辛いこと、最悪な問題として抱えていることが、見る方向、考え方の角度によっては大したことのないことだったり、幸せに繋がる最高の入り口だったりするかもしれないのです。

「なんでうまくいかないんだ！」「なんて不幸なんだ！」と毎日悩み苦しみ、人生を難しくするのではなく、難易度なんて自分が勝手に決めて思い込んでいたもので、実は存在しないのかもしれないと捉えて生きてみませんか？


病気やできないことを、悪いとか難しいと考えることをまずやめましょう！　病気やできないこともあなたの「個性であり、愛嬌」と捉える幸せな心を持ちましょう。

自分にできることは全力で楽しそうに行い、できない部分は助けてほしい、協力してほしいとはっきり伝えられる人には、そこを補ってくれる人がちゃんと現れるのです。

「男と女では人生の難易度が違う」とか「昔に比べて普通に生きることすらも今の

社会は難しくなっている」など、何でも難しいと捉え、生きづらくしている人が多いのも事実です。

そんな周りに影響されて、あなたも何でも難しく考えてしまう癖がついていませんか？　難しいという思い込みの連鎖は多くの可能性を奪っていきます。

幸せじゃない方向にばかり意識を向け、できない理由をつけて「難しい」と思い込む。こう思ってしまう原因は「幸せになるためにはこうでなければならない」「できなければ幸せになれない」といういろいろな制限を作っているからです。

そして、この制限を乗り越えるための壁として見ているのではなく、無理だと思い込む壁にして諦めるという、幸せの邪魔になるものを自ら作っているのです。

脳（潜在意識）は良い・悪いという判断はできないので「良い結果」になるための選択ではなく、あなたが「一番簡単だと思っている、慣れて安心だと思っている」方法を無意識に選んでいます。

自分を見つめて、自分を変えていく未知の行動よりも不平不満の世界に住み、周りの人と一緒に「うまくいかないのは◯◯のせいだ」と嘆いていたり、愚痴や悪口で笑い合ったりしているほうが楽で自分には合っていると潜在意識（脳）が思い、また同じような現実を引き寄せてきます。

潜在意識（脳）は、いつだってあなたが無意識に考えていることを選んでくれるのです。そんな潜在意識（脳）を変えるには、日常の思考・行動を変えるしかありません！　難しいという思い込みをなくし、やりたいことなら成功や失敗は二の次にして楽しんでやってみることを優先してください！

「お前の向こうにあるかなり高く見える壁だって目の前に行ってみるっとそれは、自動ドアーかもしれない」

歌手　ナオト・インティライミさんの『Good morning』の歌詞です！

この曲が入ったミニアルバムは、私が脳の病気を宣告された時期に発売されたのですが、このフレーズを何度も何度も聞いていました。私も行動せずに何でも高い壁だと思い込んでしまう人間だったので、すごく響きました！

簡単・難しい、合う・合わない、好き・嫌い、良い・悪いなど、今までの経験や周りを見て選択して人生を窮屈にしているのはあなた自身です。

過去の自分や他人の言動で、今のあなたの人生の選択を制限するのはとてももったいないことです。過去のあなたも他人も、一つの意見を教えてくれているだけです。人生に「その通り」という模範解答なんてありません。あなたが「あの人の言う通りだった」と思うから、それが正解だと感じるだけです。

今の自分にとってはどうなのか？　今の自分はどう感じるのか？　過去は関係なく、今のあなたの素直な声を聞いてあげて自分が喜ぶ選択をしてあげることが大切です。

周りの誰かや環境をコントロールすることに比べれば、自分をコントロールするのは難しいことではありません。簡単だと先に決めるのです。難易度なんて元々存在せず、周りの人やあなたがつけたものだからです。

今あなたの目に映っている世界は、全て自分で選択してきた結果なのです。勝手に決められたり、誰かに言われてきたとしても、どう感じてどう行動に移すかはあなたが決められることなのです。

「どの『できない』も一つの創造なんだ」

――映画『ザ・シークレット』2006年

日常の選択の中で感じたこと、思いついたことでいい気分になりそうなことを難易度をつけずにやってみましょう。結果にこだわらずに、ただ自分のために行動してみましょう。

あなたが行動することへの評価や意味を他人に求めるのではなく、今のあなたが幸せと感じられるかどうか、そこだけに焦点を合わせてみましょう。潜在意識（脳）に、幸せになることは簡単だと思い込ませてあげてください！

みんなが難しいと思っていることを達成して、栄光とか名誉を築くことも幸せの一つですが、**他人に左右されずに自分の中で幸せと思える瞬間を見つけて、楽しんでいる時間が多いほうが輝いている**と思います!!

自分の口癖や日頃の言葉が人生を創っている

みなさんはアファメーションをしたことがありますか?

アファメーションとは、自分自身に対する肯定的な宣言のことです。英語の「affirmation」には、肯定、確定、断定といった意味がありますが、「私はできる」や「私は豊かなお金持ちである」など言葉の力、引き寄せの法則によって潜在意識に働きかける宣言をアファメーションと言います。

YouTubeにもアファメーション動画はたくさんあるので、知っている人も多いかもしれません。

「価値がない」「自分はダメな人間」と思っている割合が非常に高い私たち日本人は、アファメーションを毎日の習慣にすべきでしょう。

人は、ポジティブな言葉を言いながらネガティブなことを考えることはできません。反対にネガティブなことを考えている間もポジティブなことは考えられません。アファメーションにはネガティブ思考の時間を減らす目的も含まれます。

そしてアファメーションすると同時に重要なのが、あなたが否定している自分の一面を受け入れることです。

今の自分を否定しながらアファメーションをするのではなく、まずは自分を受け入れるためのアファメーションをしましょう。

「私は幸せです」「私は豊かなお金持ちです」などの見本のようなアファメーション**でもいいのですが、できれば今の自分に合った言葉にしたほうがいいでしょう！**

「自分はできる」という心の灯火を燃やすためにアファメーションをして日頃の意識を変え、使う言葉を変えるのです！

あなたは自分の口癖を知っていますか？

「疲れた」が口癖になっていませんか？

「疲れる、疲れた」というのは最悪な言葉です。この言葉を使うと脳が疲れたホルモンを出して、さらに疲れやすくなるのです。自分自身に「疲れた」と宣言（アファメーション）しているのです。

私は絶対に口にしないと決めています。「疲れた」と何がなんでも言わない。たったそれだけで疲労度は格段に違ってきます。

私には学童保育のアルバイト経験があるのですが、6～9歳の小学生でも「疲れた」という言葉を何度も言う子がいて驚きました。

あなたは子どもの前でも「疲れた」といつも口にしていませんか？ 大人が子どもに直接言ってはいけない言葉はたくさんありますが、何気なく子どもの前で言ってはいけない言葉ナンバーワンが「疲れた」だと私は思います。

一緒に住む家族、親の言葉が子どもの人生観を作ります。特に10歳までは親が全てなので、言葉には本当に気を使わなければいけません。

「疲れているんだから静かにして」と怒ったりしていませんか？　「疲れた」だけでなく「仕事は大変だから」「（疲れた顔をして）頑張って働いているんだから」なども何気なく言ってしまうかもしれません。しかし「大人って大変そうだな」「仕事は疲れるんだな」と子どもは思い込んでしまうのです。

「言葉とはすごい力があるのです。なぜ不平不満、愚痴、泣き言、文句を言ってはダメですよ！　と言われるかというと言葉に出したらもう一度言わなければいけない現象が起こるのです」

――斎藤一人

「疲れた」と言うと、また「疲れた」と言いたくなる出来事が起こるということです。

「過ぎ去った不幸を嘆くのは、すぐにまた新しい不幸を招くもと」

世界で最も著名な劇作家と言われるウィリアム・シェイクスピアも、数多くの名言の中に残しています。

どんな時も「疲れた」ではなく、あなたが元気になれる言葉にしましょう。「疲れた」ではなく「お疲れ様」と言ってあげましょう。

そして、ステキな言葉に変換できる自分は素晴らしいと褒めてあげてください。

もう一度言いたくなる現実がやってくる……。
だから口癖が、言葉が人生を創ると言われているのです！

自分がなりたい姿、理想の生活、叶えたい夢について考えながら、現実に対して愚痴や不平不満ばかり言ってたら、あなたはいい気分になりませんし、未来は理想の自分ではなく、普段から言葉にしている通りの自分のままです。

辛い現実だから辛いのではなく、あなたが辛いという視点で現実を見て言葉にしているだけです。その辛いと思っていることを、視点を変えて見ることができれば現実の世界は変わります。先に「嬉しい、楽しい、幸せ、ありがとう、愛してる、大好き、感謝、ツイてる」など、何でもいいのであなたの気分を高める言葉を口癖にして、現実を面白い世界と決めつけてしまいましょう!!

人生を変えたいなら、日頃の考え方を変えて、口癖や言葉も変えることです。変わってから変わったことを言おう、味わおうでは遅いのです。

現実はいつだってあなたが信じていること、当たり前だと思っていることでできています！　望みが現実に起きてから信じよう、喜ぼうでは遅いのです！

日頃※の自分の考え方を変えてみることから始めましょう。そして当たり前となっている日常※を変えること。普段の生活をしている時に思うこと、発する言葉が大事になってきます。

※「日頃」は意識的、「日常」は無意識的。

理想の人生は普段の言葉と行動の積み重ね。これを知って意識している人が、思い通りの人生を現実化させているのです。

思い通りとは、思ったことがそのまま現実化することではありません。よく、「引き寄せの法則とか思考は現実になるとかを信じてやってみたけど、全然思い通りにならない」と嘆く人がいます。思い通りとは、どんな出来事が起きても自分のためになるように意識を変換されることが無意識にできるようになることで「思い通りになっている」と感じることなのです！

あなたが感じること全てをあなた自身が無意識にできるようになるまで、意識的に意味づけていくのです！

「幸せになりたい」ではなく「あ、今幸せ」と自然に感じて言えるように口癖にしてしまうことです。

人間が想像できることは現実にすることができるのです。想像するからできるかもしれない、やってみようと思える。その状態が現実になった時の自分はどんな気持ちになれるだろうとワクワクできる。それを無理と決めつけるから好奇心もなくなり、夢や幻のようにしか感じなくなるのではないでしょうか？

あなたが普段「信じていない」ようなことを信じ、あなたの「ありえない」を「ありえる」に変えて、先に笑顔で喜んで信じられるように口癖にしていれば、それが起こる。言葉にはそれだけの力があります。もう一度言いたくなる現実がやってくるのです。

肝心なのは「私にはできる」という可能性を感じ、それを信じて疑わない想いです。

理想の人生や生活ができていないと今思っているなら、自分の思考や口癖はどうなのか？　しっかりチェックして、今すぐ使う言葉を変えましょう。

言葉は人を創ります。

あなたが使う日常の言葉があなたを創ります。

なりたい理想の自分がいるのなら、なってから幸せ、嬉しいと言葉にするのではなく、今あなたが先に言葉にすることから理想が始まると思ってください！　理想の自分になりきって生きてください！

自分が「今口にした言葉と未来で出合う」と信じて、自分の口から出る言葉を意識してください！

許し、感謝していく

あなたが今幸せと感じられていないのであれば、何か許せないものがあるのではないでしょうか？

世の中には自分のことが嫌い、自分を許せないという人がいます。他人を許せないならまだしも、自分を嫌う人、自分を許せない人は幸せになれません。なぜなら、自分を許さず嫌うことは不幸と感じることだからです。

他人から傷つけられて許せない思いにさせられた時、他人を許せない気持ちと同時に、負の感情を抱いている自分も許せないという感情が芽生えます。

なぜなら、あなたの中にある世の中のルールや、常識だと縛り付けていることに反した他人や自分を、「許せない、許してはいけない」と罪を犯したように捉えてしまっているからです。

他人や自分がどんなことをしてあなたを傷つけたかは関係なく、その出来事で傷ついたと意味づけて「許せない」という感情に捉えたのはあなただからです。人は感情を自分で選ぶことができますが、あなたは「○○を許せない自分」を自ら選んで苦しんでいるのです。

許せないという感情になっている時は、ふとした小さな出来事にも敏感に反応し、批判してしまいます。この感情で過ごすと笑顔を減らし、免疫力も下げてしまいます。

長引く体調不良や病気の回復が遅い人は、何かを許せない精神が邪魔をしているのかもしれません。

あなたは悪くなくても、何かを許せないという思いが負の感情になってしまうのです。他人を許せないことも自分を許せないことも脳（潜在意識）にとっては同じで、全てあなたに影響を与えてしまいます。

許せないという気持ちを野放しにしてはいけません。一人で心に抱えていると、怒りや悲しみとなり、勝手に増幅し、気づかないうちにあなたの心を押しつぶしてしまいます。

また、許せないという愚痴を友達に話してストレスを解消しようとする人がいますが、感情が膨れるだけで実はストレスを増幅させているのです。そこから病気を引き起こす可能性もありえます。

「自分を許さないということは、世界さえも変えられる力を自分の中に閉じ込めてしまうことです。自分を裁き、自分に罪を加えるのは、所詮自己満足です。自分を厳しく追及することは、決して褒められたことではありません。なぜならそれは誰のためにもならないからです」

――パトリック・ミラー

他人を許せない人の多くは「許す」という行為を勘違いしています。**「許す」とは他人のためでなく、あなたの心と体のためにとても大切なことであり、あなたが幸せになるために行うことなのです。**

自分の失敗を許すことは甘えではありません。

他人に批判されたからといって、あなた自身が自分の欠点だと思う必要もありません。

自分の欠点、ダメな部分を個性、愛嬌として受け入れた人から幸せになっていきます。所詮、欠点など誰かと比較されたものでしかないのです。

自分のこと、他人のことでも、「許す」と毎日言葉にしてみると、良いことがたくさん起きると思い込んでみてください。**心ではまだ許せてなくても言葉にすることが大切です。**

「思考が先にあっての現実」なので、許すと先に決めてしまうのです。

問題が解決していないのに許すのは損すること……ではなく、楽しく生きるためには許さないという感情なんていらないと決めた自分は徳（得）だと、あなたに気づいてほしいのです！

今までは一喜一憂していた自分を認めた上で、これからは許すことで幸せになれると信じて生きてみましょう！

許すと同様に大切なのが感謝することです。

「感謝しましょう」「お礼をしなさい」と子どものころから教わるので、誰もが「感謝することは良いこと」だとわかっていると思いますが、自分に対して感謝の言葉をかけたり、感謝する心を大切にしている人は少ないのではないでしょうか？

あなたが「ありがとう」と言葉にしている瞬間を思い出してみてください。自分に対しても喜びを与える言葉を言ってあげていますか？

現在関係がうまくいっている人たちには感謝していますか？

また、うまくいっていた時は感謝していましたか？

体調が良い時は感謝していましたか？
体に異常がない時に健康で幸せと思っていましたか？
幸せを感じていた時は言葉にして感謝していましたか？

第3章で述べた「幸せだから笑うのではなく笑うから幸せ」と同じように、感謝も「人は幸せだから感謝するのではなく、感謝するから人は幸せになれる」のです。

許すことは感謝に繋がります。

小さな感謝「ありがとう」に気がつくと、大きな感謝「ありがとう」に出合えます。

小さなことでも感謝するには、物事を前向きにポジティブに捉えようとしないとできません。だからこそ、意識的に感謝を見つけようとしていると、自然と嫉妬や不安などのネガティブな感情を手放し、許せる心にも繋がっていくのです。

感謝の心はうつ病の発症率を下げるという研究データもあり、免疫力も高めていくのです。

寝る前に「今日も疲れた」「明日も大変だ」と思って眠る人と、「今日もありがとう」「今日も頑張ったね」と自分に対して感謝をしてあげて眠る人では、睡眠の質が違うと言われています。

脳はポジティブな思考や感情を受け取ることで、幸せホルモンと呼ばれる脳内物質を分泌します。そういった脳の無意識の働きが心の緊張をやわらげ、自分への感謝の言葉が気持ちの良いリラックス状態の眠りに導いてくれるのです。感謝は万病の予防薬なのです。

感謝する気持ちを意識的に探したり感じたりすることで、今までの物の見方や捉え方に変化が表れてきます。

今生きていることで感じられることを感謝の対象にしてみてください。そんな気持ちになれる歌詞が詰まった私の大好きな曲があります。

『シアワセサガシ。』

シンガーソングライター ハジ→

今あるものは決して当たり前ではなく、ここにいるという存在がものすごく幸せなことだと教えてくれます。

意識的に感謝する、感謝できることを探すのを少しずつ増やせるように洞察力を磨いてください！ その繰り返しがいつしか無意識の習慣となり、気づかないうちに物事の捉え方や見方が変化していることでしょう。それはもう、幸せと感じている時間が増えたことと一緒です！

幸せが人を感謝させるのではなく、感謝が人を幸せにするのです。

世の中とか他人がどうしても気になる人、比較対象として見てしまう人は意識の方向を変えて感謝してみましょう！ 自分の知らないこと、自分のできないことを欠点だと隠すのではなく、知らないことを知ることができることに感謝しましょう！ 自分にできないことを他の誰かがやってくれることに感謝しましょう！

そうやって感謝することを続けていたら、あなたをサポートしてくれる人が現れたり、あなたにしかできないことが見つかるかもしれない。

自分に「ない」もの「できない」ものよりも、「ある」もの「できる」ものに意識を向けて感謝したら幸せになれます！

感謝の眼が、あなたの新たな才能を導き出すかもしれません。そうやって幸せな心を広げると新しい幸せがやってくるのです。

6章のまとめ

❖ 世の中、周りの人が決めた意味づけに惑わされてはいけない

❖ 失敗は恥ではない好奇心を大切に！

❖ 自分の価値を高める習慣作りをする

❖ 我慢せず今やりたいことを全部やる！

❖ 「難しい」「できない」と言っても楽しくない。結果にこだわらずにやってみる

❖ 今口にした言葉と未来で出合う

❖ 許すとは他人のためではなく、あなたが幸せになるため

第7章

今日も生きているハッピー!!

今悩んでいることは命に関わること？

「人生に悩みはつきものだ。悩んでいるのは頑張っている証拠」「悩みなんて悩まなければ存在しない」

あなたにはどちらの言葉が響きますか？

悩んでいる時、苦しんでいる時なら前者のほうかもしれません。ですが、私はどんな時も楽しく生きていきたいので、後者のほうが心に響きます！

あなたが今悩んでいることは、命に関わることですか？　本当に悩む必要があることですか？　自ら物事を考えすぎて大きな悩みにしていませんか？

悩みというものは考え出すと尽きません。それが過去や未来のことなら尚更です。

悩みを解決しよう、解決策はどれが適切なのかと、また悩む……。

解決したとしても本当にこれでよかったのかと、また悩む……。

悩みからは悩みしか生まれないのです。

悩む時間が長いほどストレスになり、感情もネガティブになります。

悩んでいることを解決しようとするよりも、とにかく動いてみることが大切です。完璧な行動、正解を求める必要はありません。

できないことに悩んでいるとしたら、できるようになるまでやり続けるか、できないことに対する考え方を変えましょう。


悩み癖を治すには、潜在意識（脳）に、悩む時間よりも、楽で幸せそうな新しい自分を記憶させるしかないのです。悩んでいる間は行動しなくていいから、悩むほうが楽だと潜在意識（脳）は思っているからです。

もう一度聞きます。

あなたの悩みは「頑張っている証拠」と思えることですか？　そう思えなければ「悩みなんて悩まなければ存在しない」と、今日から笑顔で思い込んでみませんか？

人生は冒険ゲームと捉えてみてください。

戦って負けてもいい、いろいろな方向に進んでみてもいい、嫌なら逃げてもいい！　ただ、立ち止まって同じことを悩むのだけはやめましょう。


現実は……ゲームみたいに、やり直しができない失敗もあるかもしれないし、まだレベルが低いのに、とんでもない強敵が現れることもあるかもしれません。休憩したら回復するなんて、都合よくできてもいません。自分はダメだと否定していたら、戦ってもレベルは上がらないのです。

だから現実のほうが大変で苦しい……と思うと、そんな世界に見えてしまうのが、私たちの生きる世界です！　でも、**主人公である、あなたの主観によって世界が決まります。あなたが人生のシナリオライター（脚本家）だからです。**

ゲームの中では決まった世界にしか生きられませんが、あなたの人生は選べます。たくさんあるスマホゲームみたいに、インストールして面白くなかったらアンインストールできるように!!

自分に合わないと思ったらアンインストールしてもいい（逃げてもいい）んです！

どんな方向でもとりあえず一度行動してやってみることが大切なのです！

「過去の自分は関係ない、今の私はできる」と勇気を出して行動してみてください!!

あなたが観る世界を変えて捉え方を変えれば、難しかったことや面白くなかったことも、簡単に感じたり、面白く見えたりするのです。

あなたがやってみて学ぶものは、あなたの武器（知識・経験）としてあなたを強くし、防具（知識・経験・仲間）としてあなたを守ります。**あなたの勇気ある行動は仲間と自信を作り、人々に感動を与えます。**

ワクワクする時間が増えれば、悩む時間は減ります！　悩んで立ち止まるよりもやってみる楽しさを覚えてレベルを上げましょう！

「あなたはクリエイター。自分の思考をすべて作り出しているのです。そして多くの場合、望むものと望まないものの2つに分かれます。望むものを手にした時と望まないものを手にした時、自分がどう感じるかは分かっているはず。どちらに集中すべきでしょうか?」

――エスター・ヒックス

あなたが日頃から悩んでいることは、望まないことではありませんか? だとしたらそこに時間を割いてしまうのはもったいないと気づいてください。

悩んでいる間は「できなかった、うまくいかなかった」と自分や他人を責めたり、「私には無理だろう」と制限をつけて行動できないようにしてしまうのです。

「悩める時間があることは幸せなこと」と今まで悩んでいた自分を責めずに受け入れて、でも「今に集中して何かに向き合うことのほうが楽しい」と悩むよりも楽しいことを自分に教えてあげましょう!

終わったこと（過去）、始まってもいないこと（未来）を悩むのは無意味。なぜなら、全てその瞬間その瞬間のあなたの感情と捉え方が価値を決めるからです。**何を選択しても幸せを感じられる人は幸せになります。**

余命宣告されるような病気になったとしても、悩むのではなく、病気の意識を頭からも心からも離して、笑っている人が奇跡を起こして治せるのです！**「悩みなんて必要ない！　存在しない」と、先にあなたが決めて笑って生きてください！**

生きていくことが才能だよ

「成功している人間は、それはもともと才能があったからで……自分はもともと平凡な人間だから努力したって無理だ。そういう思い込みが、人の人生をどれだけ窮屈に縛りつけていることか」

——漫画『ドラゴン桜』より

あなたは、自分は平凡な人間だと思っていませんか？
自分には才能※がないとか、センスがないと過小評価する人が多いのですが、誰かと比べて自分をそう決めつけたのはあなたですよね？
何が平凡で、何が才能で、何をしたら天才とか成功者とか決めているのもあなたです。

◯◯は才能だと私たちが勝手に決めつけているだけなので、あなたも何が才能かなんて自分で決めればいい！　決めて楽しんでいいのです!!

成し遂げる、だとどうしても成功が浮かびますが、やり遂げる※ことも才能です！

※　才能とはある個人の素質や訓練によって発揮される、物事を成し遂げる力のことです。
※　やり遂げるとは成功する成功しないにかかわらず、自分の持てる能力を使い切って物事を最後までやり通すことです。

プロの選手になれたから「才能がある」というのではありません。高校3年間

「下手くそ」と周りに言われても、その人の目標が3年間やめずに続けることで達成できたのなら、それは才能なのです！

自分では才能だと思っていなくても、他人から見たら「才能だね！」って言われることもあります！　人は、自分ができないと決めつけていることを他人がしていると、それを「才能だ」と言ったりするからです。つまり、まだやり遂げていなくても、他人と違うことをやってみる勇気も、才能になってくるのです！

私はアクセサリーのデザインを、制作もお客様の要望に応えてその場で作ってあげるのですが、私が作っている姿をみて多くの人から「細かいのにすごいね、才能だね」と言ってもらえるのです。

作家に関しても、まだこの本を出版する前から「本を書いて出版することが決まった」と人に伝えると「そんな才能があったの⁉」「才能だね！　すごいね！」と言ってくれるのです！　まだ出版されてないので1冊も売れていない時点でさえ「才能だ」と言ってもらえるのです（笑）。

ベストセラー作家にならないと成功者ではないから才能ではないと難しく決めつ

けるか、「本を書いてみよう！」と試みて出版が決まることだけでも才能と思われるかは、私たちが勝手に決めていいということです!!

やり遂げる、成し遂げるのハードルは個人差があっていい！　とにかくやってみる！　行動してみる！　あなたなりにやってみて勝手に才能にしてしまえばいいのです!!

あなたの行動で誰かが喜んでくれたら、それはあなたの才能です！

どんなことでもいいのです！

バスや電車で席を譲ってあげて喜んでもらえた！　これもあなたが他人を気遣う才能です！

「誰でも簡単にできるから才能ではない」と言う人がよくいますが、それは違います！

「誰でも簡単にできる」

これは私たち人間の固定観念で、些細なことでも、できることが素晴らしいこと。

「誰でもできる」じゃない！　できる人はみんなすごい！　できるあなたもすごい！　あなたの世界なんだから、**「私にはできる」でいいのです!!　それが好きでもっとやりたいと思ったら才能になり、開花するということです！**

人生全体を考えた時に、過去は辛かった、今が辛い、未来も不安。生きていることに対しても才能がないから辛いんだ、苦しいんだと思い込む人がいます。

あなたがこれまで生きてきたことが才能だと今日から思ってみませんか？　これからも生きていこうとする意思も、あなたの才能なのです！

突然家族や大切な人が事故に遭ったと聞いた時、生きていたらまず安堵し、喜びを感じますよね。

生きていることは素晴らしいことなのです。だからこそ今に感謝し、生きていくことが才能なのです！

人生を楽しめていない、才能がないから楽しめないと決めつけているのはあなたです。過去はもう関係ありません。これから何をして、何が才能とあなたが捉えるかは自由だからです！

何か不自由があったとしても、補える才能なんていくらでもあるのです！

私は病気の影響で、車を運転できなくて不便でしたが、不幸だと思ったことは一度もありません。もし病気にならず、車を運転できていたらアクセサリーを自ら作ろうとしなかったかもしれませんし、本だって「書いてみよう、応募してみよう」と思わなかったかもしれないのです！

他人や過去に惑わされて、自分の生きる世界の視野を狭くしてはいけません。生きている幸せを感じてください。

一つの失敗や挫折で人生終わりだ、価値がないと決めつけないでください！

他人が言う「できない」はあなたができたら「すごいですね」「才能だね」「あなただからできたんですよ」とガラリと変わるので、全く気にしなくて大丈夫です！

人の「できない」はそれぞれの思い込みなだけなのです。

周りに合わせて自分を無視しないでください。

自分と会話しないと、あなたは自分の才能と出合えません。周りばかり見て、他人と自分を比べるから、過小評価して「自分には才能ない」なんていう言葉が出てくるのです。

小さな子どもの頃からずっと、他人は周りと比べてあなたに同じような行動、思考をさせようとしてくるでしょう。

「みんなできるのにどうしてできないの!?」と、他人はあなたを責めてくるかもしれません。

そこをどうにかしようとか、嫌な世の中だとか思うのではなくて、あなたが変わりましょう!

自分をわかってくれない世界だから生きていけないというのではなくて、あなたから考え方を変えて楽しい世界として見ればいい! あなたから楽しく笑顔で生きればいい! それがあなたの才能になるかもしれない。いや**周りに影響されずに人を笑顔にできたら必ず才能として開花します!!**

生きているだけで幸せ!!!

生きているだけで感謝!!!

生きているだけで才能!!!

自分を愛すると世界は変わる

「自分探しってなんだよ。世界にたったひとりしかいない本物の自分を、自分が探してどうすんの？」

――漫画『すーちゃん』より

「自分探し」という言葉は、周りに影響されすぎる社会だからこそ生まれた言葉かもしれません。

「自分の人生って、このままでいいのだろうか？」

今の自分ではいけない、変わらなければいけないと否定していますよね。

自分探しは、自分を愛するとは真逆。探すという思考では、大衆の中で人と自分を比べてしまう癖はなくならないでしょう。

世界にひとりの本物の自分が、周りに合わせて、その中で生きる自分を探してはいけません！

外側の世界から自分を探すのではなく、自由気ままな自分に合う世界をあなたが創りましょう!!　そのためにはまず自分を愛することです！

自分を愛するためには、まず……他人の考え方、捉え方、価値観、世界観を変えることはできない。他人からのあなたへの評価はコントロールできない。この2つのことを頭に叩き込みましょう！

この2つを理解できないと、自分を肯定し愛することが難しくなります。自分を「愛するなんて恥ずかしい、ナルシストだ」という思考も、他人を気にしているから思うことなのです。

他人を気にしない努力をするのではなく、自分の考え方、捉え方、価値観、世界観を理解し、自分自身を愛しましょう！

「あなたはあなたであればいい」

――マザー・テレサ

自分を愛して褒めてあげる、些細なことも気にかけてあげている、ひたすら繰り返していく内に、いつの間にか他人のことなんて気にならなくなっていくのです！

「思考に気をつけなさい、
それはいつか言葉になるから。
言葉に気をつけなさい、
それはいつか行動になるから。
行動に気をつけなさい、
それはいつか習慣になるから。
習慣に気をつけなさい、
それはいつか性格になるから。

性格に気をつけなさい、
それはいつか運命になるから」

――マザー・テレサ

マザー・テレサのこの有名な言葉は、あなたが自分を愛していないとできないことなのです！

あなたの思考を周りに合わせて生きていたら、言葉も行動も習慣も性格も周りに合わせた形になってしまうからです……。

無理に変えようと始めるのではなく、日頃の自分の思考、言葉、行動、習慣、性格をまず認め、許し、愛します。

自分を愛する、好きになることが、すべての基準、スタート地点となるのです。

・自分を好きになるにはどんな思考に変えたらいいだろう？
・自分を愛するにはどんな言葉、行動を毎日したらいいだろう？

・愛するために何を習慣にしたらいいだろう？

と考え方も明確になっていくのです。

でも、今までは他人を気にして自分を嫌っていた、自分の意思を無視して他人に合わせてきたのに、今日から自分を「愛せ、好きになれなんて、できっこない」と思う人も多いかもしれません。

あなたは自分が何かやって変わろうとしたら、周りのみんなが自分を見て、批判したり否定したりするかもしれないと思い込んでいませんか？

間違えないように。失敗しないように。人に批判されないように。人に注意されないように。人に嫌われないように。自分を愛するなんて人に言えない。

これらは、あなたが「周りの目が気になる」という思い込みの世界から、自分に対して〝監視操作する〟制御システムです。

自分が好き！　やりたい！　という素直な気持ちよりも、周りにどう思われるか、世間的な目からその自分はアリかナシかを優先してしまう、自分の意思を完全に無視した制御……。

私も中学生の頃から、この制御システムに取り憑かれていました。周りを気にしてばかりの嫌いだった自分を変えるきっかけが病気、脳の手術でしたが、すぐに他人を気にせずに自分を好きになれたわけではありません。

周りに合わせようと生きてきた20年間から**周りと違うことをしようという考え方にして、そこから自分を好きになる、愛することに少しずつ近づいていきました。**

あなたを閉じ込める制御システムから抜け出すには、自分を探すことではなくて、人の役に立って、嫌われない完璧な自分を作り上げることでもなくて、自分を一番大切に考えて愛してあげることです。一瞬一瞬、自分を癒してあげる、褒めてあげる、楽しませてあげる、笑ってあげる。自分を愛するほうが何十倍もステキなことだと感じさせてあげましょう！

自己愛はすべてを繋げるのです!!

自分なんてどうでもいいから、自分以外（子ども、恋人など）を幸せにしてあげたいと思って生きている人もいるでしょう。

ですが、自分のことは「嫌い、どうでもいい」という人から幸せな愛をもらえるなんて思えないですよね。

子どもも幸せそうな親の姿を見て「幸せ、愛」を覚えていきます。

人のために生きるにも、「人に尽くす自分を愛している」という自己愛が不可欠です。どんなに苦しんでいる人に対しても笑顔で声をかけ続けたマザー・テレサが、自分のことを嫌いだったなんて到底思えません。自分を愛することは人を愛することと変わりないのです。

自分を愛することが許しにも繋がるし、幸せにも繋がる。自分を許せると自分を愛せる、他人を許せると自分を愛せる。

自己愛=自分も他人も許す=幸せ、感謝。

すべてイコールなんですね！

自分を許し愛するとは過去や未来ではなく、今の自分を受け入れ生きていこうとすることです。


すべては自分！

他人を愛したいならまず自分を愛する。

他人を許したいならまず自分を許す。

他人に優しくしたいなら自分に優しく。


世界を変えたいなら、自分をまず何よりも愛することです。


〝与えたものが受け取るもの〟

この言葉を聞くと、他人に与えたら自分も受け取れると思う人が多いと思います。

しかし、自分を愛していない状態で他人に与えても、返ってくるまで不満ばかりを持ってしまうと思います。

ですから、これからは先に、自分に愛を与えてあげることです！

あなたがあなたに愛を与えてあげると、あなたは幸せを感じ笑顔になります。その笑顔が他人に笑顔を与えるのです！　そして笑顔のあなたから愛を受け取ると他人は喜びを感じ、人は「私も与えたい」という気持ちになりやすいのです。

まずは自分に愛を与えることが、愛を受け取るための最短ルートで円満な方法なのです。

赤ちゃんの笑顔は、幸せを心から感じているから笑っているのです。その笑顔に私たちは癒されて愛を受け取り、また笑顔にしてあげたいと愛を与える。赤ちゃんは自然と〝与えたものが受け取れる〟ことをしているのです。


自分を愛せば責めることがなくなっていく!!


私たちはできないことや小さな失敗を責めたり、ため息や愚痴をこぼす人を嫌いますよね？

でも、自分自身がそれをしていると気づいている人は少ないのではないでしょうか？

あなたは「こんなこともできないの⁉」「なんで失敗したんだよ！」とできなかった自分に厳しくしたり、「今日も疲れた」「だるい」とため息や愚痴を連発。他人にしたら嫌われるようなことを、自分に対しては気にせずに繰り返していませんか？

あなたのパートナーは、結婚相手でも恋人でも親友でも仕事の相棒でも親でも子どもでもありません。

あなたがあなたのパートナーなのです。

そのパートナーを愛することであなたの世界は明るくなります！

未来を明るくするには今のあなたにかかっている！　自分を愛せば責めることもなくなります。どんどん愛していい気分で生きましょう！

自分を愛することができると、感謝できることに気づきやすくなります。自分以外の人がいてくれるからこそ、いろいろな気持ちが発生することにも気づき、感謝できるようになります！

自分を愛している世界でしか味わえないことがたくさんあるのです。

この先の人生は、あなたがどれだけ楽しんで笑うか。そのために自分を愛する！

これ以上重要なことはありません！

病気ではなく、幸せに名前をつける

私は脳動静脈奇形、突発性難聴以外にも、急性アルコール中毒で命が危うかった経験があります。また、６歳の頃からアレルギー性鼻炎で鼻血が出ることが多く、生活に支障をきたすこともあったので、16歳の時に鼻粘膜をレーザー手術しました。

14歳の時には背中に帯状疱疹（ピリピリと刺すような痛みと、これに続いて赤い斑点と小さな水ぶくれが帯状に現れる病気）で激痛を経験。

病名はわかりませんが、12歳の時に39℃の高熱で細菌が口の中に広がり、それを取り除く手術をするために１週間入院となり、立山登山の修学旅行に参加できませんでした。

2回目の脳の手術をして入院中に、こんな過去のことを思い出しながら、「なんで病気にはたくさん名前があるのに、幸せには名前がないんだろう」と考えたことがあります（笑）。

「なぜ病気には名前をつけるのだろう？」

病名は患者を不安にさせるものではなく、あくまでも治療のガイドです。病気の診察は一人の医者だけでは成り立たないので、勝手な名称や記号をつけるわけにはいかないそうです。名前をつけるのは、その病気の研究や医者同士の話し合いの時に、わかりやすい共通の言語、概念が必要だからです。

医者にとっても患者にとっても大切なのは病名ではなく、〝なぜこのような病的な状態が患者に起こって診察に来たのか、なぜ悪化して治らなくなってしまったのか？〟というところが重要なのです。つまり病気を治すときには、病名なんてどうでもいいということです。

病名は患者が病気を自覚するためのものでは決してないということ、病名が同じでも症状はその患者によって違うので、ネットの情報や他人の言動に惑わされてはいけないということ。

これらを覚えておき、**病名に支配されない強さを持ちましょう！**

患者は自分に起きている症状の病名を知るために診察に行くのではなく、症状を治すサポートをしてもらうために行くのです！

では、本題の「幸せに名前がないのはなぜ？」ということですが、そもそも幸せを感じる度合いは人によって違いますし、何が幸せかと聞くと、人によって、年齢によって答えも変わっていきます。

「どんな時が幸せですか？」

「あなたにとって小さな幸せは何ですか？」

と質問すると、日常の中から切り取って些細なことも幸せと答えられるのに、

「今幸せですか？」

と質問すると「幸せ」と答える人のほうが少ないそうです。

子どもの頃は何が幸せかなんて考えないから「幸せになりたい」なんて言わないのに、小さな幸せなら答えられる大人たちは、なんで「幸せになりたい」と言うの

でしょうか？

それは〝幸せ＝◯◯〟を、生きてきた環境や周りに影響されて自分の中で作り上げてしまっているからだと思います。

私たちの周りにある物は、どれも誰かの頭の中からできたもの、誰かの発明品だから全てに名前がついています。同じように世の中に出回っている、抽象的な「幸せ」も、名前はついていませんが誰かが決めたものです。

「幸せはいつも自分の心が決める」

――相田みつを

世の中に浸透している「幸せ」を求めてしまうと、狭いカテゴリの中から探してしまいます。

幸せは「嬉しいな、楽しいな、美味しいな」と感じる心の状態。そうなる現実を待つのではなく、あなたが先に幸せを創るのです。

幸せの創り方

「旅行前後で人々の幸福度がどう変化するか」について調査したオランダのある研究によると、次の旅行について考えるだけで、旅行の8週間前から幸福感が高まるという結果が発表されています。

日常生活を離れ、いつもと違った環境に身を置くことは、大きな気分転換になりますよね。自然の中や普段とは違った環境で五感が刺激されることで、脳内物質の分泌や呼吸器系統、消化器官などの働きが整えられ、ホルモンバランスや自律神経にも良い影響がもたらされることがわかっています。このような働きのことを〝**転地効果**〟と言います。

旅行先について、どこから回ろうかとガイドブックなどを見て調べることにより、徐々に期待感が高まり、旅行前から〝幸せホルモン〟と呼ばれるセロトニンが分泌されるのです!

また、旅行中の限られた時間の中でどうやって楽しもうか、次にどうするか選択を繰り返す旅行は、**前頭葉を活性化し、達成感、幸福感が高まり、ストレス解消が期待できます！**

さらにNK細胞（癌細胞の増殖を抑える細胞）やSOD（体内で過剰となった活性酸素を取り除き無毒化してくれる酵素）の活性化により免疫力もアップし、病気療養にも効果的なのです！

旅行に限らず「楽しい、嬉しい、美味しい」という幸せな感情が浮かぶことを計画すると、〝計画している〟段階からも大きな効果を発揮してくれるということなのです!!

何か良いことないかな〜って呟くより……

こんな良いことがあったら私はすごく喜ぶ！

こんなことして楽しみたい！

こうなれば嬉しい！

と先に決めてしまうのです！

あなたがそうなると信じて思い込むから、世界を脳（潜在意識）があらゆる方向からそう見えるように、感じられるようになるモノを集めてくれます。現実が意識を作るのではなく、意識から現実は創られるのです！

あなたは当たり前のように日々の予定を手帳やカレンダーに書いていると思いますが、**幸せを感じられる計画を積極的に作り、先に感じて幸せホルモンをたくさん分泌させましょう！**

ただ目的地や予定の名前を書くのではなく、

〝温泉に行く幸せな10日〟
〝笑顔で友達の誕生日祝ってあげる15日〟
〝お金が手に入る25日〟

何でもいいので、自分が喜んでいる姿が目に浮かぶ名前を書いてみましょう!!

書く内容が、今はまだ予定にないことでも構いません！　あくまでも計画なのですから、自由に自分の幸せを創ることを楽しんでください！

幸せになるには **〝自分を喜ばせる天才〟** になることです！

幸せになる方法は簡単!?

前にも述べたように、突発性難聴のため点滴と通院を繰り返していたある夜に、虫が左耳の近くを通った音が聞こえて感動しました。その時に **「人間は生きているとどんなことで喜べるかわからない」** と私は実感し、あなたにも日頃から自分を否定せずに多くのことを喜べるような生き方をして、幸せを感じてほしいと第5章で述べました。

幸せになるためには環境や他人に何かを求めるのではなく、まずは自分自身の心の状態、感情を整えることです。

そのために、一番有効な方法があります！　それは…、

上機嫌で今を生きること‼

人や出来事に頼るのではなく、自分で自分を上機嫌にしましょう‼

上機嫌でいれば、「判断、選択、行動、健康、笑顔」など、人間としてのあらゆる機能を高めてくれます。笑顔でいれば自然とチャンスが増えるし、結果も出やすくなり、幸せを感じやすくなります。

上機嫌で笑って過ごしていれば、幸せを感じられることはもちろん、体にも良いことがわかっています！

『笑いは百薬の長』

『笑いに勝る良薬なし』

笑うことで脳に刺激を与え、神経ペプチドという情報伝達物質が全身に分泌されます。これにより**免疫機能が高まり、病気の予防作用と機能改善が期待できます。**また、βエンドルフィンという神経伝達物質が大量に分泌され、快感作用と鎮静作用が働きます。

癌や高血圧、心臓病など、あらゆる病気がストレスを引き起こすと言われますが、笑うことでストレスを解消し、予防できるのです‼

日々の生活で、何がストレスになっているのかを考えたり、その原因をなんとかしようと悩むよりも、笑って上機嫌で過ごすことに意識を向けましょう‼

今までは失敗したり嫌なことがある度に落ち込んでいたとしても、これからは笑えない時も笑ってみようとすることが、幸福への道を開くと信じて笑ってみましょう！

自分も今からできる‼　そう信じてみませんか？　今までの人生なんて関係あり

ません。**今から前に進もう、変わろうと笑って行動することで希望が生まれ、目に映るものが変わり始めるのです！**

よく年齢制限をかけて可能性をつぶす人がいますが、何歳までが若いとかもう若くないとか決めつけても良いことはありません。

「この問題の焦点は、物事を突き詰めて考えすぎないことだ。くだらない悩みは笑いで吹っ飛ばそう。笑って悩みを追っ払うことは、決して不可能ではない」

――デール・カーネギー

〝笑顔の積み重ねが心のあり方を変え、運命をも変える〟

感情は伝染する

　ある社長さんが会社の雰囲気が暗い、社員みんなに笑顔が少ないと悩んでいました。何が原因なのかいろいろ考えてみましたが、わからなかったそうです。そんなある時、鏡に映る自分の顔を見て驚きました。自分も笑顔ではない、社員の前でこんなに暗い顔をしていたのかと気づいたのです。

　そこで、毎日笑顔で仕事をしているか、鏡で何度も確認して笑顔を作るようにしたのです。笑顔を作ることによって気持ちが明るくなることに気づいたその社長さんは、社員と話すときも意識して笑顔で接するようにしたそうです。

　すると**職場の雰囲気はすぐに変わり始め、笑顔が溢れる明るい職場になった**そうです。

　家族や周りの人に笑顔がない、少ないと感じたら、あなたが笑っていないからかもしれません。不機嫌は周りに大きな影響を与えるのです。特に社長の場合は尚更ですね。職場がピリピリムードになってしまいますから……。

仕事をする時は、上機嫌でやるべきです。そうすれば仕事の効率も良くなり、体も疲れません。

「あなたがいつも悩んだり、イライラしたり不機嫌でいたりすると、その感情が家族を病気にするかもしれません。個体としては別でも、不健康は潜在意識を媒介して伝染するのです」

――ジョセフ・マーフィー

不機嫌などの負の感情は伝染するのです。でも、伝染するものだから私も不機嫌になるのは当たり前……ではいけないのです。他人の不機嫌に対して責任を感じる必要はありません。上機嫌でいるか不機嫌でいるか選択したのは、その人だからです。**どうやって機嫌を良くするかは、その人の心の課題**なのです！

ですが、もしあなたも他人のせいで不機嫌になったら、損するのはあなただけではなく、その場にいる全ての人に影響があると覚えておいてください!!

「何もできなくていい。ただ笑顔でいよう」

――修道女・ベストセラー作家 渡辺和子

一方、笑顔は本当に伝染するのかを証明した実験があります。

普段あまり笑わない人を笑わせるには、何が効果的だと思いますか？

流行りのギャグを披露しますか？　面白いトーク？　変顔？　自虐ネタ？　体を張った一発芸？

しかし、どれも笑ってはくれませんでした。

何をしても笑わなかったその人を笑わせたのは、ただ目の前で嬉しそうに笑い続けた人だったのです。その笑顔を見ているだけで、普段あまり笑わない人でも表情が緩んで、笑ったそうです！

よく笑う人はとてもステキです！　共感して一緒に笑ってくれる人、小さなことでも笑顔で喜んでくれる人は、異性からも周囲の人からも愛されます！　**さらに愛されるコツは、笑顔で「ありがとう」と感謝を伝えること**です!!

仕事が成功している自分をイメージするなら、笑って喜んでいる上機嫌な自分をイメージしましょう！

ただ成功を願うよりも、笑顔が溢れる姿をイメージすることがやる気と行動に繋がり、今の幸福感も高めます。

楽しい時はもちろんですが、苦しい時にこそ笑う!!

これができると幸せになれるのです！

笑うことは若さ、美容にも大きく関係しています。

ある人気テレビ番組で、海外の女性は笑うとシワが増えるから、面白いと思っても表情を変えない、笑わない努力をして生きていると聞きました。ですが、笑わないと表情筋を動かさないので、肌がたるんでシワの原因になる可能性があります。**笑うと表情筋が動き、顔の血行が良くなり、ツヤが出て若々しさを保つ効果**があります。

笑うことよりも美しいことはありません!!

〝いい笑顔の記憶は永遠に残る〟

あなたがステキな笑顔で生きれば、あなたの記憶にも残りますし、人の記憶にも残ります!

笑うのに理由はいりません。今から笑ってください。楽しいから笑うのではなく、笑うから楽しくなります。

幸せは「いつかなる」ではなく、笑って、今ある幸せに気づき、感じると新しい幸せに巡り合えるのです!!

一番の財産は今生きていること

人はいずれ死ぬという運命は変わらないのに、なぜ頑張って生きるのか、なぜ死が近づく将来のために頑張れるのか、私には理解できないと悩んでいる青年がいました。

こんな疑問を持っている人に「生きていることに感謝しろ」「無理して頑張らなくていい」「死なんて考えずに生きろ」という言葉をかけても、なかなか納得してくれませんよね。そんな彼が納得した言葉は、「〝死ぬのになぜ？〟ではなくて、〝どうせ死ぬなら〟考えすぎず今を自由に好きなように生きれば？」という一言でした。

「未来とは、今である」

――文化人類学者　マーガレット・ミード

私たちが日頃から悩んでいることは、観点を変える、捉え方を変えるとあっさり解決することも多いのです。

大人になるにつれて明確な答えがないことに悩まされますよね。

人生とは？　生き方とは？　仕事とは？　幸せとは？

人によって納得できる答えは違います。そんな難しいことを考えるよりも、今を楽しんで生きてほしいのです。

世の中に定められた記念日とか行事、誕生日よりも、あなたが生きている今日が一番大切で幸せな日です。

「今日は何もない」「今日は何も良いことがなかった」と嘆くのではなく、**何も起きずに平和に過ごせたことはとても幸せなこと**なのです。

未来に不安を持たせるニュースや他人の言動に惑わされない、自分の強さを持つことが人生を楽しむ秘訣です！

何と比較して何もなかったと捉えているのかはわかりませんが、今日の出来事からどう感動や感謝を引き出せるかも笑顔を増やす一つの練習です！

世間ではよく「たられば」を言っている間は幸せになれない、「たられば」は執着でいけないことと言われますが、幸せな気持ちになる「たられば」なら、いくらでも言っていいのです！

・やってみたら楽しいかも！
・こうすればもっと喜んでくれるかも！
・笑ってたら楽しくなってきた！

先ほどの〝どうせ死ぬなら〟も、だったら自由に好きなように生きようという「たられば」です。幸せというのは、過去から思い出したり、未来に求めるものではなく、今作り出すもの、感じるものです!!　そのためには「たられば」は必要なのです！

「瞬間の命を生きればよろしい。すばらしい瞬間がいくらでもある」

――チャーリー・チャップリン

あなたには想像力があります。それを悩みや不安を大きくするために使うのではなく、夢見る力、生きる力に使ってください！

生まれた環境を憎まず、起きた出来事も憎まず、今に希望を持ち楽しむこと。今から幸せを感じながら、絶対に未来は明るいと信じて生きる力が、あなたにはあります！

今日という一日、今というこの瞬間は、同じようで二度とありません。

年齢を重ねるごとに〝あっという間〟と感じる1年間。この〝あっという間〟と感じられることも実は幸せなことだと気づき、今から笑って過ごしてみませんか？

私たちは普段自分にないものに目が行きがちなのですが、自分の足で歩けること、自分の手でスマートフォンや本を持てることは素晴らしいことなのです。

毎日無意識にいろいろな作業をこなしていますよね。あなたは当たり前の作業だと思っているから無意識にできているのです。

しかし、**それはあなたが生きていて健康な体があるからできることなのです。**

あなたの一番の財産は今生きていることなのです。今のあなたが生きていることに幸せを感じられる生き方をしてください!!

「私たちの生き方には2通りしかない。奇跡など全く起こらないかのように生きるか、すべてが奇跡であるかのように生きるかである」

――アルベルト・アインシュタイン

あなたはどちらのように生きますか?

私はもちろん、毎日が奇跡のような幸せを創り上げる自分になりきって生きていきます!!

やってみよう!!

あなたは、2017年1月1日より放送されていたauの三太郎シリーズのCMソングを覚えていますか？

アーティストWANIMA（ワニマ）さんが、誰もが知っている童謡『ピクニック』をロックにアレンジした1曲『やってみよう』です！

歌詞はもちろん、動画からも元気、笑顔をもらえます!!

私はWANIMAさんの**『やってみよう』の歌詞は「考え込まずに楽しく行動してみよう」**という趣旨の自己啓発本を2分50秒でまとめたような名曲だと勝手に思っており、聴くたびに元気をもらっています!!

私はこの曲を聴いてやる気が湧き始めて「本を書いてみたい！」と思いました！

そこから引き寄せられたように奥平亜美衣さんのブログに載っていたＣｌｏｖｅｒ出版社が主催するスピリチュアルの祭典 講演会で行われるオーディションに応募しました！

あなたが「やりたいな」と思うことなら「できない」ことなんて存在しないと思ってください。

今できる・できない、達成までのルートとかコネなんて考える必要はありません。「やってみたい」という気持ちのほうを大切にしてみましょう!!

不安なのは当然です。ですが、やってもいないのに「無理、できない」はあなたの悪い重いゴミ（思い込み）です。

やってみてできなかったとしても、慣れてないから今はまだできなかっただけのこと！

やってみてできないことはダメなことではありません。できない自分はダメだと否定することがダメなのです。

「やってみよう」の根本にあるのは「面白そうだからやってみよう」「やってみたら楽しいかも」という良い感情です。

できる・できない、変われる・変われない、成功・失敗。そんなことよりもやってみる時の感情に目を向けましょう！

現在、当たり前と思ってやっていること、毎日こなしていることも実はすごいこと！　最初はどれもできなかったことです！

あなたが「やってみよう」という自分を許してあげないとできません。できないと思い込む自分よりも、好奇心を持って「やってみよう」としている新たな自分を信じてあげてください！

「もし失敗したらどうするの？」と不安になるのは当然です。しかしできないと決めて、やってみることを先延ばしにすると、「若い時にやっておけばよかった……」「もう年だから……あと数年若ければ……」と後悔する失敗が、未来であなたを待っているのです。

やったからこその失敗には得るものがありますが、「あの時やっておけばよかった……」という後悔という失敗には得るものがありません。

ふとした好奇心を大切に、新たな才能の芽を伸ばしてあげることです。

「やってみよう」と思うことはできることなんだと笑顔で思い込んでください！　あなたの思う「できた」と思えるところまででいいので、とにかくやってみましょう！

夢を叶えたい、とにかく成功したい、どうすればいいのか方法を考えるのではなく、いい気分になろう！　笑顔になれるように「やってみよう」、そこに意識を向けてみましょう。

私にはできないというネガティブ思考に縛られた自分を「やってみよう」に変えるだけで、人生は驚くほど変わり始めます！

「できない」と言っていると、できない理由しか浮かばずに、できない現実しか引き寄せられません。ですが「やってみよう」と自分を高ぶらせて笑顔でいると、チャンスは向こうからやってくるのです！

あとは、そのチャンスにあなたが気づくか、どうモノにするかだけなのです!!

人生のターニングポイントは自分で作るものです!!

「いっちょやってみっかぁ!!」と明るい笑顔で、やってみましょう！

7章のまとめ

❖悩んでうまくいくことはない

❖生きているだけで才能。人と比べない

❖自分が自分を楽しませるパートナー

❖病名に支配されない強さを持つ

❖幸せを感じる時間を増やすと自分を好きになれる

❖自分で自分を上機嫌にしよう

❖幸せな気持ちになる「たられば」ならいくらでも言っていい

❖できないと思い込む自分よりも「やってみたい」という自分を信じる

エピローグ

この本で強く伝えたかったことは、病気になるという事実で人は「悲しい、辛い」と苦しむのではなく、事実に対するその人の「病気は悲しくて辛いもの」という勝手な思い込みによる解釈が感情をマイナスにし、不幸と捉えていることに気づいてほしいということです!!

病気に対する自分の解釈で自分を苦しめているのに、病気そのものが自分を苦しめていると思い込む人がたくさんいます。

もちろん病気からの症状での痛みや辛さ、治療費など本当に苦しい部分があるのも事実なのですが、その解釈だけで病気そのものを受け入れてしまうと、体にも心にもダメージを与え続けてしまいます。

日常の幸せ、不幸と捉えていることも、病気と同じく自分自身の捉え方で世界の見え方、人生の生き方も変わっていきます。

幸せは常に気づきからです！
病気も人生の一つの変化にすぎません。
病気になったから不幸、不運ではなく、健康なこと、平穏に生きていられることが最大に幸せで幸運なのです！

出来事に意味をつけているのは自分自身だということを理解し、意味づけ、自分の価値などを制限せずに幸せな解釈をしてください！
あなたの人生なのだから！

感謝の気持ちと笑顔の大切さ、自分の言葉のパワーを常に意識し、幸せを先延ばしにせず、自分が幸せと思うことを全力で今すぐにやってみましょう!!

この本を作るにあたって携わってくださった方々、出版前から応援してくれた皆様、このエピローグまで読んでくれた読者の方々、私の病気の治療に関わってくれた方々、病気になった私を支えてくれた家族の皆様、本当に心より感謝申し上げます！

ありがとうございます！


この本が、あなたの幸せに少しでもお役に立てれば幸せです。

そうなることを祈りつつ、いつかまたどこかで、あなたにお会いできるよう私も今を全力で楽しみ歩んでいきます！

著者略歴

塩井　宏明

しおいひろあき

1989年、富山県生まれ。京都の大学在籍中の19歳の時に発作で倒れ、先天性の脳動静脈奇形だったことがわかる。
それまでは周りに合わせて生きてきたが、病気をきっかけに自分の生き方を模索し始め、『ザ・シークレット』のDVDを観て自分の好奇心を優先して生きることを決意する。2018年株式会社Clover出版オーディションに参加し、本の出版が決定した。現在はアクセサリーデザイナーをしながら、メンタル心理カウンセラー、風水図面準鑑定士などの資格を取得し、活躍の場を広げ続ける。

LINEスタンプも販売中！

［『仲良しすぎる珍コンビ』の名言集］

https://line.me/S/sticker/11309965/?lang=ja&ref=gnsh_stickerDetail

ブログ　https://ameblo.jp/setuna7rest/

装丁／江口修平（EGG-TEA ROOM）
装画／門川洋子
本文イラスト／桜井勝志
校正協力／永森加寿子・伊能朋子
制作／ Mittel・横田和巳（光雅）
編集／阿部由紀子

ボクは病気に選ばれた

初版１刷発行 ● 2020年6月26日

著者
塩井《しおい》 宏明《ひろあき》

発行者
小田 実紀

発行所
株式会社Clover出版
〒162-0843 東京都新宿区市谷田町3-6 THE GATE ICHIGAYA 10階
Tel.03(6279)1912 Fax.03(6279)1913 http://cloverpub.jp

印刷所
日経印刷株式会社

ISBN978-4-908033-76-6 C0095